NOTICE

HISTORIQUE ET TOPOGRAPHIQUE

SUR

SAINTE-MARGUERITE

VUE DE LA NOUVELLE ÉGLISE.

NOTICE

HISTORIQUE ET TOPOGRAPHIQUE

SUR

Ste-MARGUERITE

Par M. l'Abbé E. ARNAUD

Ouvrage honoré de l'Approbation bienveillante

DE Mgr L'ÉVÊQUE DE MARSEILLE

ET DÉDIÉ A MM. LES PROPRIÉTAIRES DU QUARTIER

En faveur de la fondation d'une Œuvre de Jeunesse.

MARSEILLE

IMPRIMERIE ET LITHOGRAPHIE St-JOSEPH

RUE Ste-PAULINE ,2 A.

1876

ÉVÈCHÉ DE MARSEILLE

Marseille, le 27 Juin 1876.

MON CHER AMI,

J'ai lu avec un très-grand intérêt votre « Notice historique et topographique sur Sainte-Marguerite. » Vous l'avez commencée avec la pensée d'obéir à nos Statuts diocésains en établissant votre « livre de paroisse; » mais Dieu a béni vos persévérants efforts et vous avez écrit des pages très-intéressantes sur l'histoire de votre quartier, et surtout sur son histoire religieuse.

En voyant le zèle et la piété que les habitants et propriétaires de Sainte-Marguerite, n'ont cessé de manifester depuis plus de huit siècles, pour le développement du culte parmi eux, j'ai mieux compris pourquoi nous retrouvions encore aujourd'hui, chez leurs descendants, ces sentiments de foi et de générosité qui sont comme un héritage de famille, et leur église, l'une des plus belles parmi celles élevées dans ces derniers temps, en est la preuve éclatante.

Votre notice ne contribuera pas peu, mon cher ami, avec la grâce d'en Haut, à conserver ces nobles traditions ; je suis donc heureux de vous féliciter d'avoir si bien réussi dans votre pieuse et vraiment pastorale entreprise, et je vous bénis paternellement en N. S., ainsi que vos chers paroissiens.

✝ CH. PH., Evêque de Marseille.

AVANT-PROPOS

Le modeste travail que nous venons offrir à nos lecteurs, n'était point destiné à la publicité. Le seul désir de nous conformer aux ordonnances diocésaines et de composer notre Livre de paroisse, nous en avait inspiré la pensée. Des recherches que nous avons dû faire dans ce but, nous ont révélé la respectable antiquité de notre église, et ont mis au jour des découvertes qui jetteront sur le quartier de Sainte-Marguerite un lustre glorieux. On peut être fier, à bon droit, de voir son existence historique se rattacher par des documents authentiques à une origine qui remonte au-delà de dix siècles.

Dès lors, il nous a paru que ces titres empruntés

à nos plus anciennes chartes de Provence, seraient accueillis avec faveur, en même temps qu'une étude spéciale, au point de vue topographique, pour établir le siége de *Carvillan*, cette région suburbaine dont il est fait mention dans une charte de l'an 840.

En publiant le fruit de nos recherches, nous aurions dû, peut-être, nous borner à cette partie, la seule qui puisse offrir quelque intérêt au point de vue archéologique. Le reste ne saurait avoir de l'attrait que pour nos chers paroissiens de Sainte-Marguerite. En effet, quel qu'il puisse être, l'intérêt qui se rattache à une modeste église rurale, est nécessairement circonscrit, et emprunte un caractère purement local; mais dans ces annales paroissiales, dont nous avons essayé de former le faisceau, nous avons trouvé, en grand nombre, des faits dont le souvenir mérite d'être conservé. Il honore ceux que des liens de famille ou une communauté d'intérêts, rattachent au récit qui les met en lumière.

Au reste, nous devons ajouter que ces nobles traditions de religion et de charité se sont perpétuées jusqu'à notre temps.

En étudiant le quartier de Sainte-Marguerite, l'on acquiert bien vite la conviction qu'à toutes les époques il n'a pu avoir quelque relief que grâce aux opulents propriétaires qui l'ont toujours habité ou qui en avaient fait leur résidence d'été. Rien d'important ne s'y est accompli en dehors de leur puissant concours; il était juste de le reconnaitre et de nous faire l'interprète d'un légitime tribut d'hommages reconnaissants, pour des exemples de foi chrétienne donnés aussi unanimement, et pour une bienfaisance toujours si libérale.

Grâce à l'obligeance de M. l'Archiviste du département, nous avons pu fouiller dans les volumineuses archives de l'abbaye de Saint-Victor, dont Sainte-Marguerite fut durant des siècles un Prieuré. C'est là, et dans le Cartulaire de Guérard, que nous avons puisé la plupart des documents, à l'aide desquels a été établie la partie historique de notre œuvre.

C'est ensuite un vieux manuscrit conservé dans nos archives et contenant les principaux faits qui ont rapport à l'administration de l'église du quartier, de 1696 à 1774, qui nous a servi à rédiger les pages de nos annales paroissiales. Les registres de Saint-Martin et ceux de Sainte-Marguerite, conservés aux archives de la ville ou au greffe du Tribunal, le

livre des délibérations et les souvenirs des contem-
porains, nous ont aidé à établir le reste du texte.

Nous devons ici des remerciements sincères à
M. l'abbé Albanès, dont l'érudition aussi profonde
qu'infatigable enchâsse chaque jour quelques joyaux
inédits des antiques parchemins de Saint-Victor,
pour la direction bienveillante et les renseignements
précieux que nous en avons reçu; à M. l'abbé Daspres, qui, le premier, par sa remarquable monographie de Saint-Giniez, a ouvert la voie à ces études
sérieuses et intéressantes de nos églises rurales,
pour les indications amicales et les notes qui ont en
partie facilité notre travail ; à M. Grinda, sur lequel
de savants travaux ont de bonne heure attiré l'atten-
tion des archéologues, pour les éclaircissements ju-
dicieux qu'il nous a apportés touchant notre vieille
église du XIe siècle, et les dessins remarquables qui
illustrent cette notice.

Ce n'est point un ouvrage de science ni une œuvre
littéraire, que nous avons la prétention d'offrir, mais
simplement des souvenirs de famille que nous vou-
drions sortir de l'oubli, avec le désir de témoigner
aux honorables propriétaires de Sainte-Marguerite le
sentiment de profonde gratitude que nous inspire

une générosité tant de fois éprouvée, et que sollicite encore la création d'Œuvres réclamées par les besoins du temps.

Il nous aura suffi de couvrir de cette intention les imperfections de notre travail, pour être assuré de la bienveillante indulgence qu'il réclame.

E. ARNAUD,

Curé de Sainte-Marguerite.

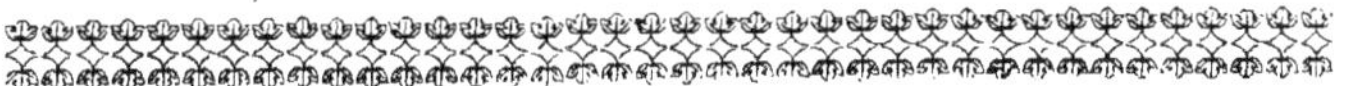

NOTICE

HISTORIQUE ET TOPOGRAPHIQUE

SAINTE-MARGUERITE

CHAPITRE Ier

TOPOGRAPHIE ET STATISTIQUE DU TERRITOIRE

De toutes les paroisses de la banlieue de Marseille, il n'en est aucune qui possède une étendue aussi considérable que celle de Ste-Marguerite.

Borné au Nord par le Rouet et la Capelette, à l'Est par St-Loup, St-Marcel, St-Menet et Aubagne, à l'Ouest par Mazargues et la mer, Ste-Anne et St-Giniez, le territoire de Ste-Marguerite s'étend, en majeure partie, sur les collines déboisées qui, partant de la mer du côté de Mazargues, font la limite de la commune de Marseille entre Cassis et Aubagne.

La raison d'une limitation ecclésiastique, dont la justesse n'apparaît pas à première vue, a dû être de laisser sous la juridiction d'une paroisse suburbaine, la population disséminée dans les gorges des montagnes voisines de Cassis, mais dépendant de la commune de Marseille, et dont l'accès n'est possible que par le vallon de la Gineste, lequel a son débouché sur le chemin de Ste-Marguerite.

Par deçà les sommets arides qui bornent la vue du côté du Midi, s'étendent de vastes plaines cultivées et fertiles. La plus importante de ces propriétés rurales est Carpiagne. On y trouve de beaux vignobles, un antique château avec de nombreuses dépendances et une chapelle. Dans le voisinage, un entassement prolongé de pierres, laisse deviner les ruines d'un camp retranché qui dut être construit comme lieu de défense à l'époque des invasions Sarrazines.

Au Sud-Ouest de Carpiagne et non loin de l'ancien chemin de Marseille à Cassis, se trouvent les terres et l'auberge du Logisson. En se dirigeant de là vers l'Ouest, on rencontre la propriété de la Gardiole, ou de la Gardure. On y admire de magnifiques bois de pins ; le vallon de Chalabran la coupe au Nord-Est, tandis que le vallon des Pételins, *Thérébyntes,* ainsi nommé à cause des nombreux arbrisseaux de cette espèce qui y croissent, se dirige vers l'Ouest.

Au Sud du vallon des Pételins commence celui de Vaoü, par lequel on arrive à l'anse de Pormioü, séparant Marseille de la commune de Cassis.

Les étymologistes varient touchant la racine de Pormioü. Selon M. de Villeneuve, Pormioü comme

Rioü, Sormioü, Morgioü, est une expression grecque qui serait demeurée dans notre langue, mais
dont au reste il ne donne pas la signification. MM.
Marin et Masse de la Ciotat, ainsi que M. E. Gar-
cin, de Draguignan, prenant le mot dans son accep-
tion sonnante, écrivent : Port-Mioü, et le font simplement dériver de *Portus melior.* M. A. Saurel
sous la même expression devine le mot de *Pro-
mylius;* ce serait le nom d'une divinité placée ordinairement au devant des ports et à laquelle les
marins présentaient des vœux pour un heureux
retour (1).

Disons au plus vite, que dans le fait, Pormioü
est une anse d'un kilomètre de profondeur, entou-
rée de hautes collines qui en font, pour les navi-
res, un refuge assuré contre les vents du Nord.

En venant vers l'Ouest, on aborde l'anse de Port-
Pin qui est à peu près semblable à la précédente,
puis la calanque de Vaoü qui est beaucoup plus
profonde. Il y avait jadis, à l'extrémité de cette
anse, une redoute qui a fait donner à cet endroit
le nom de Château-Vieux, en provencal *Casteou-
Viei;* c'est ainsi qu'on le trouve désigné par la
Statistique des Bouches-du-Rhône. Il est vraisemblable que cette appellation n'est qu'une altération
dérivée de *Casteou de Vei,* du nom d'une ancienne

(1) Voir M. A. Saurel, *Statistique de la Commune de Cassis,*
P. 8 et 228.

vigie ; *Castrum de Vigilia, Castel de Veilh,* comme portent les anciens titres.

Le plus haut sommet de la chaîne de la Gardiole, qui borne la paroisse de Ste-Marguerite et en même temps la commune de Marseille du côté du Midi, s'appelait autrefois *Testo Pelado,* tête chauve, parce qu'il offre l'apparence d'une tête informe et qu'il est dépourvu de toute végétation ; on le nomme aujourd'hui Tête de Puget. La crédulité populaire affirme que le célèbre artiste marseillais a contribué à lui donner la perspective d'une tête gigantesque. Il nous paraît inutile de nous arrêter à réfuter cette fable ; nous pensons que le nom de Puget, qui est resté à cette sommité, est simplement une dérivation du vieux mot *Pueg* ou *Puech,* qui signifie pic, mont.

Le point culminant de cette montagne se trouve à 633 mètrs au dessus du niveau de la mer ; il surplombe à l'Orient le vallon de Ste-Marthe, et son flanc méridional se déchire pour former le vallon de Luminy, au sein duquel se trouve la riche propriété de ce nom.

Si nous nous dirigeons de Luminy vers le Nord, nous rencontrons à droite la petite auberge du Logis-Neuf, située au pied de la fameuse montée de la Gineste.

Le chemin qui conduit à Cassis, passe aujourd'hui par le village de Ste-Marguerite et fait un long détour dans le vallon de Vaufrége, *Vallon froid ;* mais l'ancienne voie Romaine, de second ordre, en quittant la ville passait par Mazargues et contournant la Gineste s'enfonçait dans le vallon de Luminy, pour déboucher derrière le Logisson. On aperçoit encore des traces de cette antique voie qui de là passait par Cassis, Ceyreste, Signes et venait aboutir à Brignoles (1).

Il est naturel de penser que le nom de Gineste. *Genêts,* a été donné à cette route à cause de la variété de ces arbustes à la fleur jaune qui sont la seule végétation du terrain calcaire entrant dans la constitution de ces montagnes.

Quand, après une pénible ascension, on est parvenu au point culminant, la voie change de dénomination et le versant opposé à celui que l'on vient de gravir s'appelle l'Homme Mort ; probablement en souvenir d'un meurtre commis en ces lieux.

Revenant sur nos pas et nous dirigeant du vallon de Vaufrége vers le Nord, nous rencontrons à droite, une ancienne fabrique de soude, construite peu après le décret impérial de Septembre 1811, qui condamnait l'exploitation de ces usines à des distances règlementaires. On l'appelait fabrique du Fangas. C'est aujourd'hui une fabrique de chaux hydraulique. Le nom de Fangas, lui a été donné parce que cet endroit fait le fond de deux versants de collines et que l'écoulement des eaux, n'y trouvant pas d'issue suffisante, y forme longtemps encore après les pluies une mare boueuse.

(1) Statist. des B.-du-Rh. II 843.

Du côté du Midi, sur le dernier et le plus aride sommet qui termine la ramification venant brusquement s'émousser dans la campagne de Ste-Marguerite, on voyait naguère émerger du sein des masses rocheuses, une modeste chapelle dédiée à St-Joseph. On la reconstruit aujourd'hui sur des proportions grandioses.

Au bas du versant occidental de la colline de St-Joseph, au sein d'une riche nature dont la végétation contraste avec l'aridité qui finit sur ce point avec le dernier rocher, s'élève un monumental monastère, accusant dans la partie construite, un ensemble futur, du caractère architectural le plus imposant. La gracieuse chapelle, au style ogival, qui termine aujourd'hui l'établissement, est destinée à en former le centre. C'est le monastère des Religieuses de Notre-Dame-de-Charité, dit du S^t-Cœur de Marie.

A l'Est et à quatre cents mètres environ, sur le bord de la route qui descend au village, vient s'ouvrir le vallon de la Panouze, l'un des plus charmants des environs de Marseille. La végétation agreste y est plus vigoureuse que dans les divers paysages que nous venons de parcourir. La facilité de son accès, autant que les ombrages formés de bois de pins, ont fait de ce lieu naguère désert, presque une cité aux habitations pittoresquement étagées et disséminées dans les sites les plus gracieux.

Nous ne savons quelle est l'origine du nom de

Panouze donné à ce vallon, à moins qu'on ne le fasse dériver de *Pinouse*, c'est-à-dire, vallée plantée de beaucoup de pins. Ce qui est certain c'est l'existence de cette dénomination depuis le XIme siècle. Une charte datée de l'an 1060 porte, entre autres souscriptions, celle de *Etienne Motus de la Panouze* (1).

Nous savons d'ailleurs, comme nous le dirons bientôt, que les moines de St-Victor possédaient, dès le IXme siècle, de vastes terres à l'entrée de ce vallon.

Le sommet oriental qui domine le vallon de la Panouze est remarquable par la richesse de sa végétation ; on y trouve non seulement le pin ordinaire, mais aussi le chêne vert et le chêne blanc, fort rares dans nos contrées. Cette cime, du nom du propriétaire de la colline au XVIIme siècle, s'appelle le mont Rouvière. La même colline sépare le vallon de la Panouze de celui de Toulouse qui fait la limite entre Ste-Marguerite et St-Loup. Le nom de ce dernier vallon est celui d'un propriétaire qui l'avait acquis, en grande partie, vers la fin du XVIIme siècle et dont il est fait mention dans nos archives paroissiales.

On trouve, dans le vallon de Toulouse, un calcaire argileux à l'aspect brun et persillé, qui a l'apparence d'une lave scoriée et dont l'emploi est fréquent dans les constructions.

A un kilomètre environ de son entrée, le vallon

____

(1) Cartulaire de St-Victor, Ch. 832, f° 18.

dc Toulouse se bifurque ; la vallée de gauche appartient à S¹-Loup et celle de droite à S¹ᵉ-Marguerite.
La dernière, qui prend le nom de vallon de Toni,
renferme diverses petites grottes assez curieuses à
voir.

Pour compléter la description des montagnes de
notre territoire, il nous reste à dire un mot, de
celle qui est au Nord de Carpiagne et qui est la
plus élevée du terroir de Marseille ; elle a 740 mètres
d'altitude au dessus du niveau de la mer (1).

On jouit, du haut de cette montagne, d'un coup-
d'œil splendide ; non seulement on voit se dessiner
dans tout son ensemble, la campagne de Marseille
avec les brusques lignes de ses collines grises,
tranchant dans les massifs verts, au sein desquels
émergent d'innombrables villas, mais la vue s'étend
depuis l'extrémité Nord de l'étang de Berre jusqu'aux montagnes qui sont à l'Est d'Hyères ; tandis
qu'au Midi, le regard est ébloui par le scintillement
des flots ondoyants de la Méditerranée.

La partie cultivée du territoire de S¹ᵉ-Marguerite,
quoique incomparablement plus riche, offre au point
de vue topographique. beaucoup moins d'intérêt.
Le terrain, en effet, qui du pied des montagnes, va
sans cesse en déclinant jusqu'à Mazargues au Midi,
S¹-Giniez et le Rouet. au Nord et à l'Ouest, se trouve
infiniment moins accidenté. Rocailleux et recouvert
d'une légère couche terreuse sur quelques points

(1) Baron de Zach., Attraction des Montagnes, etc. T. II 511.

de la ligne qui suit les montagnes, il devient plus fertile à mesure qu'il s'en éloigne. Disons bien vite que si la nature s'y est montrée plus avare et si l'on n'y rencontre point les aspects pittoresques qu'on admire dans les gorges montagneuses, l'art est venu lutter contre la nature et y produire des œuvres merveilleuses.

Nous esquisserons, dans un chapitre spécial, les richesses végétales au sein desquelles, l'architecture a parsemé tantôt des châteaux aux proportions monumentales, tantôt des habitations plus modestes, mais dont les lignes correctes se projettent toujours avec grâce, au milieu de verdoyantes oasis.

L'Huveaune longe la partie Sud-Ouest du territoire de Ste-Marguerite et forme la limite qui le sépare de St-Giniez, du Rouet et de St-Loup.

Aujourd'hui un lit profond encaisse le courant de cette capricieuse rivière et met les terres riveraines à l'abri de ses inondations. Un béal, de la longueur de douze kilomètres, dérivé de l'Huveaune près de St-Menet, conduit ses eaux sous le passage de Jarret, un peu avant l'endroit où celui-ci tombe dans la rivière, près du pont de Ste-Marguerite. Entre l'Huveaune et Jarret se trouve un moulin dont nous constatons seulement l'existence, bien qu'il soit connu dans l'histoire sous le nom de Paradou ou moulin de Ste-Marguerite, mais qui est situé en dehors de nos limites. Il en est fait mention dans une charte du XIme siècle (1).

(1) Voir pour l'Huveaune et ses moulins M. l'abbé Daspres : Notice sur St-Giniez, P. 63 et suiv.

On ne trouve point à Ste-Marguerite, comme dans la plupart des villages de la banlieue de Marseille, les maisons principalement groupées autour du clocher. Ici, sans parler des habitations disséminées dans la campagne, ou établies dans les vallons, ainsi que nous l'avons dit, l'on rencontre trois principaux groupes détachés l'un de l'autre, formant chacun un petit village à part et tous situés sur le bord du chemin de Marseille à Cassis.

Le premier que l'on traverse en arrivant de la ville, se trouve établi sur la limite de la paroisse, du côté du couchant, et prend naissance aussitôt après le pont de Ste-Marguerite.

Construit dans le XIme siècle, plusieurs fois ruiné et plusieurs fois relevé, ce pont, dont il est souvent fait mention dans les chartes de cette époque reculée, fut encore réparé dans le XIVme siècle. Une délibération du conseil municipal du 4 Avril 1329, vota la dépense nécessaire. Enfin comme il tombait de vétusté et n'était plus dans des conditions voulues de sécurité, il fut légèrement dévié vers le couchant et définitivement remplacé par un beau viaduc qui projette ses deux arches sur Jarret, puis sur l'Huveaune. Ce travail a été exécuté par les soins du conseil municipal de Marseille en 1839.

Le centre de ce premier tronçon de village, est divisé par la route de Marseille à Cassis et le chemin qui, venant de St-Loup, aboutit sur cette route. C'est aussi de ce point que part le chemin qui se dirige vers St-Giniez et vers Mazargues. Nul

doute qu'il faille attribuer au mouvement occasionné par les diverses voies de communication, à cet
endroit plutôt qu'à côté de l'église, l'existence de ce
principal groupe de maisons, la plupart modernes.
Les petits industriels et les magasiniers les ont choi-
sies de préférence.

En remontant le chemin et environ cent mètres
au-dessus, on a construit, depuis quelques années,
le long de la route, une ligne de maisons qui vient
se raccorder aux plus anciennes habitations de S^{te}-
Marguerite. C'est le bourg appelé la Maçonne ; le
vieux chemin de Marseille à Cassis, le traversait
autrefois dans toute sa longueur ; le chemin de
St-Tronc vient sur ce point aboutir à la grande
route.

Nous continuons à remonter le chemin de grande
communication qui se trouve ici renfermé entre
des murs faisant clôture à de superbes campagnes.
et à une distance de trois cents mètres environ.
nous trouvons la place de la nouvelle église. Une
magnifique avenue encadrée de chaque côté par de
modernes constructions, et bordée par une double
rangée de platanes y conduit directement. Pendant
l'été rien n'est gracieux comme cette longue voûte
ombrée formant un verdoyant portique au fond
duquel se dessinent les blanches lignes du monument religieux.

Un peu au-dessus et de l'autre côté de la route
qui forme un retour d'environ dix mètres, se trouve
l'ancienne église. Solitaire et délaissée. on dirait. au

silence funèbre que lui prête le voisinage du cimetière, qu'elle jalouse, en se voilant de deuil, la splendeur de celle qui l'a supplantée et qui la domine
de la flèche élancée de son svelte campanile.

Nous dirons plus loin la magnificence de la nouvelle église et la gloire modeste de celle qui abrita
sous ses voutes, durant de longs siècles les générations religieuses de Ste-Marguerite. Des dispositions récentes l'ont transformée en école communale pour les garçons.

Outre le presbytère qui était adossé au chevet
de l'église et un établissement qui fut élevé dans
le jardin, pour servir provisoirement d'école aux
jeunes filles en 1829, il y avait, au coin septentrional de la place, une petite maison qui subsiste encore
et qui était jusqu'en 1850, la seule habitation avoisi-
nant l'église sur la voie publique.

Longeant la route et un kilomètre à peu près
au-delà de l'église, nous rencontrons la populeuse
agglomération du Cabot. Deux lignes parallèles de
maisons, se prolongeant le long de la route de Cassis
dont les premières rampes accusent le voisinage
des collines, forment ce centre.

La création ne remonte pas au-delà de quarante
ans. Ce fut vers 1835, qu'à côté d'un cabaret, en
provençal *Cabot*, vinrent s'établir successivement
de nouvelles habitations, et l'on continua à désigner tout ce quartier du nom du cabaret qui avait
existé en cet endroit.

Les voituriers qui faisaient route de Marseille à

Cassis, ou réciproquement, avaient l'habitude de faire une halte au Cabot ; ils y trouvaient des rafraîchissements, tandis qu'ils pouvaient avec sécurité y laisser reposer leurs montures.

Le reste de la population de Ste-Marguerite se trouve dispersé dans des maisons de campagne, où dans des fermes.

Le chiffre total des habitants du quartier s'élève aujourd'hui à deux mille cinq cents, en y comprenant une colonie de familles italiennes qui compte environ trois cents sujets.

Dans cette évaluation ne nous comprenons point les propriétaires et le nombreux personnel qui les suit, l'été à la campagne, en sorte que, pendant cinq mois au moins de l'année, la population de Ste-Marguerite dépasse trois mille âmes.

Le village, pris de l'Eglise comme point central, se trouve à une distance de trois kilomètres de la place Castellane.

CHAPITRE II

C'est au IXᵐᵉ siècle, au sortir de cette époque rendue si calamiteuse par les invasions des barbares, que nous prenons l'histoire de notre région.

Déjà dans les siècles précédents, les hordes dévastatrices avaient inondé nos provinces méridionales. Ce fut d'abord les Bourguignons; plus d'une fois, de 457 à 459, ils se rendirent maîtres de Marseille, s'emparèrent de toutes ses richesses et mirent tout au pillage. Quelques années plus tard, les Visigoths, sous la conduite d'Euric, leur chef, renouvelèrent les mêmes scènes d'horreur. Au commencement du VIᵐᵉ siècle, une armée formidable ayant à sa tête Théodoric, pénètre en Provence, y sème la dévastation et la mort, et rentre en Italie après avoir mis à sac nos principales villes.

Vers la fin du même siècle les Lombards franchissent les Alpes, et pénètrent dans la Gaule; repoussés d'Arles, qu'ils étaient venus assiéger, ils arrivent jusqu'aux portes de Marseille, d'où ils repassent les Alpes, laissant des monceaux de ruines sur leur passage. Mais la plus terrible des invasions fut celle des Sarrazins. Après leur défaite dans l'Aquitaine en 732, ces infidèles, se liguant avec d'autres peuplades barbares, se ruèrent sur le Midi et pendant quatre années s'y livrèrent, en guise de représailles, à toute sorte d'excès. Unissant ses armes à celles de Luitprand, Charles Martel remporta encore une fois une éclatante victoire sur les infidèles, près de Narbonne, et les mit pour longtemps dans l'impuissance de nuire.

La Provence, sous la protection de Charlemagne, put se mettre à réparer ses ruines. Il en fut qui étaient irrémédiables; rien n'avait été épargné par les barbares; les villes et les villages étaient détruits, les monuments de la puissance Romaine et de la civilisation chrétienne, les manuscrits et les ouvrages les plus précieux, avaient partagé le même sort. Ce rapide aperçu suffit pour expliquer l'absence de tout monument historique en Provence, jusqu'au XIme siècle.

Nos renseignements précis, touchant le territoire aujourd'hui compris sous le nom de Ste-Marguerite, commencent à l'an 840. Nous pensons que c'est, de toute la Provence, le document authentique qui remonte le plus haut. Ce que l'on sait de notre territoire, avant cette époque, c'est qu'il était couvert en grande partie par une forêt s'étendant jusqu'aux collines. L'Huveaune, dont le lit n'était point creusé, formait de grandes flaques, laissant peu de terrains cultivables sur ses bords.

Ces lieux avaient pourtant été fréquentés avant l'Ere chrétienne ; Ruffi, dans son *Histoire de Marseille*, dit qu'il y avait entre le sommet des montagnes et la rivière d'Huveaune des mausolées, et qu'il en avait existé un de forme carrée dont les ruines se voyaient encore de son temps (1).

Des découvertes récentes sont venues corroborer cette opinion et ne permettent pas de douter que notre région n'ait été habitée, même longtemps avant l'occupation romaine.

Nous possédons certains fragments de poteries antiques, trouvés sur les derniers contreforts de la colline qui court entre Ste-Marguerite et St-Loup, et qui serviront à fixer les archéologues.

Nous classons dans leur ordre chronologique ces produits céramiques :

1° Un fragment de poterie celtique, en grès, d'un gris foncé, formé d'une terre calcinée mêlée de quartz, accusant certainement l'époque Greco-Marseillaise, et pouvant remonter au moins au VIe siècle avant l'ère chrétienne.

2° Deux fragments ayant le caractère gaulois, mais qui indiquent la perfection successive de l'art céramique. L'un de ces fragments est une poterie grise.

(1) Ruffi écrivait la 2me édition de son histoire en 1676.

aux molécules plus denses que le premier et d'un fini assez parfait.

3° Un débris rouge clair, avec filets de poterie romaine.

4° Divers restes de poteries samiennes, d'un rouge vif, ayant toute la finesse de ces remarquables produits.

Ces divers débris et d'autres semblables qui ont été découverts dans cette même chaîne de montagnes, jusqu'à St-Marcel, se rapportant chacun à des époques différentes, démontrent le séjour sur les lieux, d'une population fixe, plutôt qu'une station temporaire ou un camp stratégique.

Les diverses sections du territoire dont nous nous occupons s'appelaient : Carvilian, *Carvilianus, Feians, Albareta, Canto Perdrix, Champ Fleuri, Œil de Faucon* et *Trolhar* ou *Truilas* (1).

Quelques-uns de ces noms se sont conservés sans altération, et de nos jours nous trouvons encore dénommés sur notre territoire les quartiers de Caravian, Canto Perdrix et Champ Fleuri.

Nous étudierons spécialement Carvilian, dont le souvenir, au point de vue archéologique, présente un intérêt particulier.

Carvilianus Ager, était, au IXme, siècle le nom qui désignait la principale possession de l'abbaye de St-Victor dans notre région ; elle formait un établissement dont les terres s'étendaient au loin.

(1) Statist. des B.-du-Rh., I. 51, II. 197. Ruffi I. 313.

« La villa de Carvillan comprenait dans les temps anciens, dit M. Mortreuil, « une partie notable du « territoire de Marseille. Elle s'étendait en lon-« geant l'Huveaune, au Nord, depuis l'endroit appelé « Valbarelle jusqu'au monument de la Pène, et au « Midi, jusqu'aux collines de St-Marcel (1). »

Malgré la réduction que nous croirons devoir opposer à cette limitation, l'importance de ce domaine demeurerait encore suffisamment attestée, par les soins persistants et les démarches multipliées, avec lesquelles les abbés de St-Victor revendiquèrent, plus d'une fois, leur titre de possession sur les dépendances de Carvillan; quand nous n'aurions pas, d'ailleurs, pour preuve, l'énumération détaillée de la charte 28, puis les diverses transactions dont les actes sont parvenus jusqu'à nous.

Nous donnons ici le document dans lequel il est fait mention pour la première fois de Carvillan; c'est l'acte même de la donation de cette terre à l'abbaye de St-Victor de Marseille :

« Le 24 Juin, de l'an 840, un seigneur nommé « Sigofredus, *Siffroi,* et son épouse Erleuba, pen-« sant au salut de leur âme et désirant arriver au « royaume du ciel, donnèrent à la maison de Dieu « dédiée à saint Victor et à son monastère, les « terres qui leur appartenaient dans le terroir de « Marseille, à l'endroit appelé *Carvilianus,* consis-« tant en maisons, en partie debout et en partie

(1) Diction. topog. P. 87.

« ruinées, en terres cultivées et incultes, en vignes,
« prés, pâturages, forêts, montagnes, jardins, arbres
« fruitiers et sauvages, sources d'eau, en un mot,
« tout ce qu'ils posséderaient en cet endroit. » (1)

Il est permis de croire que les ruines, dont il
est fait mention ci-dessus, étaient le fait du ravage
des Sarrazins. Ces barbares, qui avaient dévasté
l'abbaye de Saint-Victor, dûrent être attirés par
les riches productions de Carvillan.

Ruffi ajoute, au récit de la donation de Carvillan, des circonstances dont il n'indique pas la
source. Il dit que le Seigneur Siffroi était gouver-
neur, et que sa femme se nommait Exlemba. (2)

Nous pensons être parvenu à établir d'une manière
certaine, la situation de la terre dont il vient
d'être parlé; mais avant de la déterminer avec plus
de précision, citons les deux auteurs qui, à notre
connaissance, se sont occupés de ce point d'archéologie.

Dans son Dictionnaire Géographique faisant suite
au Cartulaire, Guérard, au mot Caravaillan, dit
que « c'est le nom d'un petit village aujourd'hui
détruit et qui est resté à un petit quartier du
territoire de Ste-Marguerite. (3) »

Selon M. Mortreuil « le territoire désigné aujour-

(1) Cartulaire de St-Victor ch. 28.

(2) Ruffi I 54.

(3) Cartulaire de St-Victor II Pag. 856.

d'hui sous le nom de Carvillan, embrasse une partie du quartier de Ste-Marguerite. » (1)

Les inductions les mieux fondées établissent, suivant nous, le domaine donné par Siffroi, vers les premières collines de Ste-Marguerite, non loin du vallon de la Panouze, au pied du mont Rouvière. Il était en partie compris dans les terrains occupés aujourd'hui par les propriétés des Dames Religieuses de Sion, (Campagne de Regny) de M. L. Blanc, de M. Numa Vidal, de M. Femy, de M. Rondel et de M. L. Reymonet.

Une présomption qui, en cette matière, devient un argument solide, c'est que le périmètre de la région que nous venons de citer, porte encore de nos jours, le nom de Caravaillan : c'est ainsi que nous l'avons très-souvent entendu désigner par les habitants du quartier.

Au reste ce nom ne s'est jamais effacé des souvenirs ; nous ne pouvons que mentionner, pour preuve, les titres nombreux qui nous l'ont conservé de l'an 840 jusqu'à nos jours : nous trouvons ce quartier désigné dans une charte du 30 Juin 1230 : *Tenementum de Carvillan*. Ch. n° 917. *Carvillan*, 11 Juil. 1353. Ch. aux arch. munic., *Carvillan*, 1365. Aux arch. de la Major. *Caravillan*, 14 oct. 1602, acte d'attermitàge. *Caraveillan* 1614 id. *Caraviglan*, 13 nov. 1703. Fonds de St-Victor, Reg. 176. (2)

(1) Diction. Topog. 87.

(2) id. id. 87.

Enfin les actes du dernier siècle, que nous avons pu consulter chez les notaires, ne nomment pas autrement que Carvillan ou Caravian, le territoire dont nous venons de tracer le siège principal; nous en donnerons pour preuve, entre toutes, un acte de vente passé par devant Mᵉ Ponsard, notaire royal à la résidence de Marseille, et dans lequel intervient, à titre seigneurial, l'abbaye de St-Victor. Ce document précieux établit, sans plus laisser place à aucun doute : 1° Que Carvillan était situé dans les lieux que nous avons désignés; 2° qu'à cette époque l'abbaye de St-Victor conservait encore un droit de Directe sur ses antiques possessions.

Nous citons : « L'an 1777 et le neuvième jour d'Octobre, avant midi, par devant nous Nᵗᵉ Roïal à Marseille, furent présents et assemblés au lieu et à la manière accoutumés, Révérends Messires : Barthélemy Joseph de Villeneuve-Barjemon, Claude François Romée de Villeneuve-Tourrette, Jean Antoine d'Hostager et Augustin de Fabre de Mazan, tous dignitaires Comtes du vénérable Chapitre de l'église insigne et noble Collégiale de St-Victor de cette ville, lesquels de leur gré, ont cédé à L. B. travailleur à la terre, du quartier de Ste-Marguerite, terroir de cette dite ville, ici présent et acceptant le droit et faculté de retenir par prélation, la propriété relevant de la Directe du dit Chapitre, ci-après désignée et confrontée, qu'il a acquise du Sieur J. P. Bertrand négociant de cette ville, moyennant le prix de 6565 liv. suivant l'acte du 30 Sept. dernier, reçu

par nous notaire, avec pouvoir au dit B. de retenir
sur lui-même la dite propriété, pour cette seule fois
et à ses risques, péril et fortune, sans recours ni
garantie contre le dit Chapitre. Confessant les dits
sieurs capitulants avoir reçu du dit B. la somme de
547 liv. 1 sol, 8 deniers, présentement et réellement,
en espèces de cours, au vu de nous notaire et témoins,
pour le droit de Lods dû au Chapitre, au sujet de la
dite acquisition, dont quittance ; et de suite le dit
B. reconnaît posséder sous la Directe amphithéoti-
que du dit Chapitre, la susdite propriété située au
terroir de cette ville, quartier de Ste-Marguerite et
au lieu dit Carvillan : consistant en terre, vignes
et bâtiments, de la contenance de quatre quarterées
et demie. Confrontant, du levant, la propriété du sieur
Honoré Sauveur Teisseire, (c'est la campagne de
Régny, occupée aujourd'hui par les Dames de Sion)
viol ou chemin traversier au milieu et encore, propriété et bâtiments des hoirs de D° Veuve Meynier,
aujourd'hui possédée par J.-B¹° Blanc (elle appartient encore à la même famille.) « Du midi, aussi
le dit Blanc. Du couchant, la propriété de la D°
Dupin, épouse du sieur Veyrier. » (C'est la campagne Duvernay possédée par M. Fémy) « et encore
celle des hoirs de D° Claire Arnaud Vᵉ Féraud,
possédée aujourd'hui par Sʳ J.-Bˢᵗ Tavernier. » (C'est
la campagne Espanet appartenant à MM. Pastoret
Frères) et du septentrion, la même propriété, viol
aussi entre deux. Au cens annuel et perpétuel de
six sols, payables à la mi-Août, suivant la reconnais-

sance passée par la D⁰ Latour, le 27 Avril 1741,
notaire M. Sibon. Ayant le dit B. payé onze liv.
deux sols, pour les arrérages du dit cens, jusqu'à la
mi-Août dernière inclusivement, sauf de s'en faire
rembourser par son vendeur ; dont quittance. »

« Fait et publié dans la salle capitulaire du dit
Chapitre, en présence de sieurs François Reissolet et
Pierre Fabre, de cette ville, témoins signés avec les
dits sieurs capitulants ; le dit B. déclare ne savoir
écrire de ce enquis. »

« Contrôlé ; reçu 13 liv. 6 sols. Signé Chambon.
Collationné, signé Ponsard Notaire. »

Aujourd'hui, il est vrai, des châteaux, empruntant
le style et l'architecture d'un autre âge, s'élèvent sur
ces lieux et remplacent les habitations antiques ;
mais il y a moins de cinquante ans, à l'extrémité
orientale de la propriété Maurel, aujourd'hui Vidal,
et sur un prolongement considérable, on pouvait
encore remarquer des monceaux de décombres, laissant passer, à travers les pierres disjointes et recou-
vertes de mousses épaisses, des arbustes et même
des arbres dont le progrès accusait une origine très-
éloignée ; seuls, quelques pans de murailles demeu-
raient encore debout.

Ces renseignements nous les devons à l'obligeance
d'un propriétaire habitant les lieux que nous décri-
vons, depuis soixante quinze ans, et dont le père
et l'aïeul avaient vécu auprès de ces ruines.

On ne nous accusera point de témérité en affir-
mant que ces décombres en plein champ, provenaient

des antiques bâtiments de Carvillan, déjà importants à l'origine, mais auxquels l'exploitation intelligente des moines de St-Victor avait dû ajouter
durant les siècles qu'ils en furent possesseurs.

A diverses époques, l'extraction de ces matériaux
fut utilisée pour la construction de différents édifices qui furent élevés sur ces lieux ; il y a quelques
années à peine, on pouvait remarquer une construction assez informe, servant de moulin à huile,
édifiée ou relevée en 1720, comme en faisait foi une
plaque encastrée au-dessus de la porte d'entrée, et
dont les matériaux paraissaient évidemment provenir des amoncellements voisins. A une époque
plus rapprochée, M. Tassy, peintre marseillais, avait
relevé quelques-uns de ces murs effondrés, dont
les assises mesuraient plus d'un mètre de largeur.
pour en faire une maison de campagne.

Ces divers édifices avec leurs appendices ruisse-
lants de vétusté ont été impitoyablement condam-
nés à disparaitre par le nouveau propriétaire, comme
bornant désagréablement la vue du château. Mais
du moins retrouve-t-on aux alentours la même variété de culture, que se plait à mentionner la charte
de l'an 840. La terre, plus vieille de mille ans, semble
avoir renouvelé sa fécondité. Nous y trouvons la fon-
taine mentionnée, jaillissant abondante et limpide,
derrière la ferme de M. Vidal, d'où elle se glisse
discrètement, à travers les plantes verdoyantes, le
long du viol qui sépare les propriétés Blanc et Fémy ;
là elle tombe dans les prairies de la campagne

Espanet, elle arrose ensuite les propriétés Goudard, Carvin, Estrangin et Roche, traverse la Verrerie, le chemin de St-Tronc ; enfin, après avoir serpenté encore à travers quelques prairies, sans perdre sa direction septentrionale, elle vient verser ses eaux tributaires dans l'Huveaune, derrière la campagne Taix, au-dessus du pont de Ste-Marguerite.

Maintenant que le siége principal de Carvillan nous paraît reconnu, disons que par participation l'on donna cette désignation à toutes les terres qui furent possédées par l'abbaye de St-Victor dans cette région. C'est ainsi que, dans une charte de 1240, Raymond Bérenger, roi d'Aragon et comte de Provence, prend sous sa protection la petite terre des religieuses de Carvillan *Ortum monialium de Carviliano.*

Induit en erreur par cette dénomination, l'abbé Cayol, auteur de l'Histoire du quartier de St-Loup, place Carvillan à l'endroit où existent encore, de nos jours, les ruines relevées de l'ancienne chapelle de St-Tronc. Mais s'il est vrai, ainsi que le dit le Père St-Alban, auteur du *Calendrier perpétuel et spirituel pour la ville de Marseille,* en parlant de St-Tronc, « qu'il y avait autrefois en cet « endroit, un couvent de religieuses de St-Benoit, » (1) il est évident que cet établissement était postérieur et distinct des possessions cédées par Siffroi, bien que sa position fût comprise dans la limite des terres abbatiales.

(1) Page 176. Ce calendrier a été imprimé en 1713.

Cependant les barbares, qui s'étaient jetés sur Marseille, avaient détruit le monastère de St-Victor; les possessions suburbaines de l'abbaye n'échappèrent point au pillage. A la faveur des troubles qui avaient dispersé les religieux, leurs biens furent usurpés, mais au commencement du XIᵉ siècle le calme s'étant rétabli, l'abbé Uvifred, dont le nom est devenu Siffred, entreprit avec succès la reconstruction du monastère et de son église (1018). La consécration solennelle en fut faite au milieu de la plus grande pompe et en présence d'un nombre très-considérable d'évêques, par le Pape Benoit IX, l'année 1040.

Dès lors les religieux, dont le nombre s'était accrû et dont l'autorité morale avait repris faveur, tentèrent de rentrer en possession des divers biens qui leur étaient depuis longtemps détenus injustement.

Les terres de Carvillan avaient été morcelées, et à la suite de diverses transactions, une partie se trouvait possédée par le vicomte de Marseille, Guillaume ; elle fut restituée à ses anciens maitres par les soins de son fils Pons, Evêque de Marseille.

Guillaume II et son frère Fulco, non contents d'imiter le zéle généreux du prélat leur frère, en faisant des largesses considérables au monastère de St-Victor, usèrent de leur pouvoir pour leur faire restitüer le reste des possessions concédées par Siffroi dans la région de Carvillan. (1) Après des ater-

(1) Voir Ruffi. T. 1r, 64.

moiements successifs qui mettent à jour, dans la personne du vicomte de Marseille et celle de son frère, une mansuétude égale à leur dévouement pour la justice, les efforts de ces princes furent couronnés de succès.

On lira avec intérêt le récit circonstancié de la restitution qui en fut la conséquence ; nous l'empruntons à une charte de l'an 1020.

« Durant le saint temps du Carême, Guillaume et son frère Fulco, s'étant retirés pour se préparer à la solennité de Pâques, l'un près de l'Eglise majeure et l'autre dans le monastère de St-Victor, les religieux jugèrent l'occasion favorable pour recouvrer les terres de Carvillan qu'on leur détenait injustement.

Ils exhibèrent donc leurs titres, priant les princes de leur faire justice. Ceux-ci, ayant lu la charte dans laquelle était insérée la donation de Siffroi, après avoir hautement loué la munificence de ce Seigneur, promirent de leur faire obtenir satisfaction. En effet ils obligèrent les détenteurs à fournir caution et à restituer à la fête de St-Pierre, sauf la preuve de leur légitime possession. »

« Le terme étant passé, un nouveau délai fut accordé ; à son expiration les détenteurs des biens, produisirent une sorte de méchante femme *mulierculam* qui jura que les biens réclamés par les avocats de St-Victor appartenaient aux hommes présents. Mais Dieu permit, en punition du faux serment qu'elle avait fait, que sa main se séchât aussitôt. Toutefois ce prodige les laissa non moins obstinés et ils promirent de se rendre sur les lieux pour prouver leur droit, à défaut, pour restituer. Les moines ayant accepté le défi, portèrent la châsse vénérée de St-Victor sur le terrain en litige et vinrent y passer trois jours et trois nuits. Apprenant ces faits l'Evêque de Marseille, Pons II, fils du vicomte Guillaume, s'empressa d'accourir : « Mes frères, dit-il aux moines, pourquoi demeurer ici ? Mon père et le Seigneur Fulco, son frère, vous ordonnent de retourner demain à la première heure du jour et de rapporter la châsse du St-Martyr dans la maison de Dieu ; je retournerai aussi et la cause sera définitivement déférée en jugement. »

« Cependant la fête de la Nativité de la Ste-Vierge, 1020, était passée, tous les délais accordés étaient expirés et le jugement n'avait point été rendu ; alors les religieux invoquèrent de nouveau l'autorité de l'Evêque et des vicomtes. Ceux-ci, ayant mandé les détenteurs de la propriété, leur parlèrent assez durement : «Ennemis de la vérité, leur dirent-ils, jusques à quand fatiguerez-vous les serviteurs de Dieu ? Si la terre vous appartient nous vous ordonnons d'en apporter des preuves et si vous ne le pouvez, restituez à l'Abbé. »

« Quelques-uns alors avouèrent leur injustice et renoncèrent aussitôt à leurs prétentions, mais les autres, persévérant dans leur obstination, ajournèrent au lendemain de fournir leurs preuves. Le lendemain les moines ayant récité Matines, portèrent la chàsse du bienheureux martyr Victor, au milieu d'un pré au devant de la porte de la ville; la foule s'empressa d'y accourir, se prosternant religieusement devant les reliques. Le vicomte Guillaume y étant venu avec la Dame Stéphanie, son épouse, et la Dame Odila, épouse de son frère, celle-ci portant dans ses mains l'étendard de St-Victor, il dit avec fermeté aux détenteurs de ne point tromper plus longtemps les serviteurs de Dieu, mais de rendre un bien qui ne leur appartenait point légitimement, de crainte, « ajouta-t-il, que vous n'encouriez la colère de Dieu. »

« Soit qu'ils fussent émus par les remontrances du prince, soit que l'appréhension des jugements de Dieu les eût touchés, ils approchèrent en tremblant de la châsse sacrée, et se démirent des biens qu'ils avaient gardés injustement. Il s'en rencontra deux seulement, plus obstinés, qui en appelèrent au jugement de Dieu, mais l'épreuve tourna contre eux et les couvrit de ridicule. » (1)

---

(1) *Judicia Dei.—Judicia Divina.—Ordalia.* On appelait ainsi les épreuves subies suivant certaines règles établies, dans l'issue desquelles on croyait reconnaître une interventiou directe de la Divinité. La Foi naïve du peuple admettait que lorsque les hommes, ne pouvant par eux-mêmes, dans certaines circonstances, parvenir à la certitude de la vérité, recouraient à Dieu et imploraient son assistance, Dieu intervenait et révélait directement par des signes certains sa volonté, en défendant l'innocent et dévoilant le coupable. Voir pour plus de détails Diction. Encyclop. Goshler, T. XII. 418.

» Ayant choisi l'épreuve de l'eau froide, ils prirent un enfant, l'enveloppèrent d'un filet et l'exposèrent sur un petit étang ; mais voyant qu'il surnageait et que le ciel se tournait contre eux, ils imitèrent leurs compagnons et rendirent les terres qu'ils avaient retenues trop longtemps injustement. » (1)

La charte, dans laquelle nous avons puisé ces détails historiques, donne également les bornes des possessions de l'abbaye, dans la région où fut faite cette restitution. Les terres abbatiales s'étendaient du Nord au Sud, depuis le sommet des montagnes, jusqu'à l'Huveaune, *a cacumine montium usque Vuélnam*. La démarcation de l'Est et de l'Ouest, était douteuse, elle fut rendue certaine par le jugement de Dieu et des signes manifestes. Ce sont les termes de la charte, mais elle n'indique pas quels furent ces signes.

Du côté de l'Orient, la limite était à la partie de l'Huveaune où l'on voyait à cette époque, les ruines d'un ancien mausolée carré, bâti en blocs énormes par la démence des gentils : « *quæ composuit gentilis amentia* » et elle se dirigeait de là en ligne droite, par des lieux incultes, jusqu'au sommet des montagnes.

Ce mausolée, suivant Mr Mortreuil, ne serait autre que la pyramide connue sous le nom de Pennelle et subsistant encore de nos jours, à mi-côte du mamelon qui domine le village de la Penne.

C'est à regret que nous nous écartons de l'avis

(1) Cartul. de St-Victor, ch. 27.

du docte archéologue touchant le monument autour duquel l'érudition s'est tant de fois exercée depuis Grosson, pour émettre finalement des opinions tout opposées.

Dans un récent opuscule (1), M. Saurel bât en brèche cette fameuse pyramide romaine qui serait selon lui, non pas un tombeau, mais une construction marseillaise du moyen âge, spécialement destinée à servir de vigie au château qui la domine.

Quant à nous, laissant à de plus érudits, de défendre l'antique légende populaire touchant le général Penellus et d'assigner l'époque à laquelle il convient d'attribuer cette construction ou d'en déterminer la destination, l'étude que nous avons faite de ce monument, au pied duquel nous avons vécu durant plusieurs années, nous le montre trop dissemblable de la description qu'en fait la charte qui nous occupe, pour que nous puissions l'accepter comme la limite qu'on assigne aux possessions de Carvillan, du côté de l'Orient. La charte parle en effet, d'un mausolée bâti avec des matériaux qu'on est convenu d'appeler aujourd'hui de grand appareil « *Saxa ingentia* »; or, quiconque a vu de près le monument de la Penne et examiné avec soin son appareil, a pu constater comme nous, la minime dimension des pierres qui entrent dans sa construction.

Nous acceptons à cet égard l'opinion de l'abbé Cayol. Cet écrivain place le mausolée limitrophe,

(1) La Penne, la Pennelle et le général Pennellus. — 1872

un peu au dessous du pont de Vivaux. Selon ses observations, la limite orientale serait marquée par la traverse qui se dirige de ce point vers le vallon de Toulouse. La charte disant que les possessions monacales allaient du mausolée au sommet des montagnes, par des lieux arides, bien qu'il ne reste plus aucun vestige du mausolée en ce lieu, cet érudit croit suffisamment désignée, la position qu'il assigne, par suite de l'infertilité du sol qui est le plus aride de la contrée. « La limite de l'Est » dit-il, « était du côté de l'Huveaune, un peu au-dessous du pont de Vivaux, et vers la colline, la petite traverse appelée anciennement, viol de Patat, aujourd'hui Traverse Chevallier, conduisant à une campagne située sur une élévation, à trois cents mètres environ de la colline, et nommée la Raffine. » (1)

« La limite de l'Ouest partait de la partie de l'Huveaune qu'on appelait alors *Albareta*, se dirigeant l'espace d'environ une stade vers le midi, tournait ensuite en ligne droite vers le levant, puis obliquait de nouveau vers le midi jusqu'aux lieux nommés Côtes, et de là se dirigeait jusqu'aux montagnes. »

De nos jours les noms d'Albareta et de Côtes sont complètement effacés du souvenir, néanmoins, l'étude que nous avons faite des lieux et des chartes que nous avons citées ou compulsées, nous permet de relever cette limite et d'en suivre toute la direction.

Albareta, serait le nom que l'on donnait à l'endroit

(1) Histoire du quartier de St-Loup. P. 22.

de l'Huveaune qui est un peu au-delà du pont de Ste-Marguerite et où s'est formé le premier groupe des maisons du village. La distance d'une stade, c'est-à-dire, de 180 mètres, environ, vers le midi, est bien celle qui s'étend dans cette même direction depuis ce point, jusqu'à l'endroit où le chemin de St-Tronc vient former un embranchement sur celui de Cassis. Ici la partie qui tourne en ligne droite vers le Levant, nous est tracée par le chemin de St-Tronc qui court dans cette direction, jusqu'à l'Est du Chateau Plagniol-Borelli ; de là obliquant de nouveau vers le midi, nous trouvons dessinant très-exactement notre limite, la traverse très-ancienne de la Tour de Tassy qui, se séparant sur ce point du chemin de St.-Tronc, se dirige vers le Cabot pour enirv se souder au chemin de Cassis à l'entrée du vallon de la Panouze.

Côtes, était donc la région située aux abords du vallon de la Panouze, au midi de Carvillan dont elle était voisine.

La charte où nous avons puisé ces détails, finit par des menaces spirituelles à l'encontre de ceux qui a l'avenir, seraient assez hardis pour s'emparer des biens qu'on venait de restituer aux moines et elle porte au bas, la souscription du Seigneur Pons Evêque de Marseille et fils du vicomte Guillaume II (1).

Jusqu'ici bien qu'il soit facile de reconnaitre notre

(1) Cartul. de St-Victor. ch. 27.

territoire sous les désignations exprimées par les antiques chartes, le nom de Ste.-Marguerite demeure étranger aux documents antérieurs au XI° siècle, qui sont parvenus jusqu'à nous, à l'avenir nous allons le trouver mêlé à des actes importants qui supposent à cette dénomination, une origine qu'il nous est impossible d'assigner, mais qui certainement avait précédé ces actes.

CHAPITRE III

ORIGINE ; — ANTIQUITÉ DE L'ÉGLISE DE SAINTE MARGUERITE ; — SON ANCIENNE DÉNOMINATION.

C'est dans une charte du commencement du XIe siècle que le nom de Marguerite, pour désigner notre région, se rencontre pour la première fois.

Vers l'an 1020 les vicomtés Guillaume et Fulco donnèrent aux moines de St-Victor, un moulin situé près d'un endroit qu'on appelait Gué de la Marguerite : *In locum quem vocant vadum de Margaritâ.* » (1)

Une autre charte parlant encore de ce moulin, le désigne exactement et le fixe près de l'Huveaune, touchant le Gué de cette rivière « *juxta fluvium Vuelnœ* » par où l'on prend le chemin qui conduit à Carvillan *ad guadum Vuelnœ per quod itur ad Carvillanum.* » (2)

Le nom de Marguerite était donc employé pour

(1) Cartulaire de Saint-Victor, ch. 21.

(2)   Id.   id.   ch. 20.

désigner toute la région comprise depuis l'Huveaune jusqu'aux collines, au pied desquelles étaient les champs de Carvillan.

Ce mot de Marguerite possède une signification propre et qui préexiste à tout dérivé : en latin *Margarita*, signifie perle ou pierre précieuse. Pourquoi le quartier que nous étudions a-t-il été appelé de la sorte ? C'est ce qu'il serait difficile de déterminer avec autorité. Etait-ce le nom d'un personnage important, dont le souvenir serait demeuré attaché à une terre et dont on aurait fait dans la suite, le terme générique désignant cette partie du territoire de Marseille ? C'est ce que des exemples fréquents pourraient autoriser à établir ; ou bien en lui donnant le nom de Marguerite, la perle, a-t-on voulu caractériser la beauté et les richesses agricoles de cette contrée ? C'est l'ancienne interprétation et elle nous parait respectable.

Les actes nombreux de donation ou de vente de cette époque, comme pour légitimer cette appellation, étalent, on dirait à dessein, la plus brillante description du sol ; ils parlent, en effet, de terres plantées en vignes , de prairies, d'arbres fruitiers, de sources d'eau etc., lorsque nous savons d'ailleurs que la culture était rare et que les bois couvraient la plus grande partie des terres dépendant de Marseille.

Quant à nous, il nous parait vraissemblable que ce nom aura été donné primitivement au quartier, à cause de son église qui à dû préexister à nos plus anciennes chartes dans lesquelles elle ne se trouve nommée qu'occasionnellement. Nous lisons en effet dans l'une d'elles, qu'on l'appelait *Marguerite*, ou la Perle , *Ecclesia Sanctœ Mariœ quœ dicitur Margarita* » (1).

« Pons II et son chapitre, dit Mgr de Belzunce, avaient donné à St-Victor une église qu'on nommait la Marguerite, c'est-à-dire, la perle. » (2)

Cette interprétation ne paraitra pas dénuée de fondement, si l'on considère que notre église était alors une des principales, parmi le petit nombre qui existait en dehors de la ville, soit à cause de la régularité de sa contruction, soit à cause de ses dimensions. (3) Ce modeste monument était, ce que dans une appellation similaire, nous nommerions un bijou, *Marguarita*.

Si le voisinage de la mer et d'un passage de ce côté avait pu, par une consonnance de termes, déterminer la formation du mot *Margarita*, (4) cette expression, aurait dû désigner le quartier de St-Giniez, beaucoup plus voisin de la mer, tandis que la rive gauche de l'Huveaune formait la ligne de démarcation de la région de la Marguerite. Il est vrai que dans les âges anciens, l'embouchure de l'Huveaune

(1) Cartul. de St-Victor ch. 86.

(2) Antiquité de l'Eglise de Marseille, Belzunce. T. I, 422.

(3) Voir ci-après : Etude sur l'église primitive de Ste-Marguerite; ch. XI.

(4) Voir la *Revue de Marseille* : Juillet 1875.

se trouvait plus en amont, mais la jonction de Jarret avec la rivière se faisait alors, comme aujourd'hui, après le pont de Ste-Marguerite, et seulement au-delà, le courant se répandait en mares stagnantes dans la plaine de St-Giniez (1).

Il a pu exister sur ce point assez éloigné de notre territoire, à une époque indéterminée, un passage qu'aucun document authentique ne rapproche de notre région et que l'on appellera si l'on veut aujourd'hui, *Maris guadum* ; mais ce qui est en dehors de toute induction et demeure solidement constaté, c'est que dès l'an 1020, l'on se dirigeait vers Carvillan par un gué ou un passage, qui n'est pas appelé autrement que gué de l'Huveaune « *Guadum Vuelnœ* » ou, gué de la Margueride « *Vadum de Margarita* »

Une église, qui devait être placée vers le centre, suffisait au service religieux d'un territoire fort étendu mais dont la population n'était pas relativement considérable. Elle s'appelait l'Eglise de Ste-Marie, ou la Marguerite.

Cette dénomination, nous la rencontrons dans tous les actes qui mentionnent notre église à cette époque. Ce n'est que plus tard, au commencement du XIIᵉ siècle, comme nous le dirons bientôt, que le titre change et que celui de Sainte-Marguerite apparaît.

La position de cette église se trouve suffisamment déterminée par les actes du temps.

____

(1) Donation d'une terre dans le marais de St-Giniez. Cartul. de **St**-Victor. ch. 148.

Il est dit dans la charte 21 que nous avons citée plus haut « que le gué de la Marguerite se trouvait à l'endroit où Jarret tombe dans le béal. »

Avant de se jeter dans l'Huveaune alors, comme aujourd'hui, les eaux de Jarret avaient été utilisées pour l'alimentation du béal qui, un peu avant le pont de Ste-Marguerite, se dirigeait vers le moulin de St-Giniez, en traversant le chemin par un conduit souterrain.

Le gué de la Marguerite était donc vers l'endroit où se trouve le pont qui fut construit dans la suite.

« Vers l'année 1030 Boniface, fils de Lambert Urson, donna à Dieu et a St-Victor, glorieux martyr, une terre en partie cultivée, en partie inculte, près de l'église de Ste-Marie de la Marguerite, dans le champ qui est au-dessus et qui est terminé par deux chemins, celui qui va de l'église à la montagne et celui de Carvillan. » (1)

Ce terrain est évidemment celui qui est encore de nos jours occupé par la propriété des D^{lles} Meistre dont l'habitation est presque adossée au mur méridional de l'église, et d'où partent deux chemins, l'un se dirigeant vers les collines et l'autre vers le Cabot.

En 1072 l'Evêque de Marseille Pons II, par un acte dont nous relèverons ci-après toute l'importance, fit don à St-Victor, de l'église de Ste-Marie, « qui est appelée Marguerite et qui est située entre la rivière Vuelne et Carvillan. » (2)

(1) Cartul. de St-Victor, ch. 26.

(2) Cartul. de St-Victor. ch. 86.

Vers la fin du XIe siècle, un nommé Salicus, vendit à Guillaume, moine de St-Victor, une terre située entre la rivière d'Huveaune et l'église de Ste-Marie de la Marguerite. Cette terre confrontant « au Levant celle de Nadalia, à l'Occident celle de Ricaud et Lambert Adalbert, au Midi celle d'Itérius. » (1)

Nous allons voir le nom de Nadalia apparaître de nouveau dans une charte qui porte à croire que l'église avait été attenante à son terrain ; mais malheureusement il est impossible de nos jours de retrouver, sous des noms entièrement effacés du souvenir, les propriétaires actuels de ces diverses terres, afin d'en préciser rigoureusement la situation.

L'auteur de la Notice de St-Giniez (2) pense qu'à l'époque dont nous parlons, « l'église de la Marguerite, était beaucoup plus rapprochée de l'Huveaune qu'aujourd'hui. »

Il est vrai que le lit de cette rivière qui avait ses eaux répandues le long des terrains de sa rive gauche, a été creusé postérieurement, et depuis, l'église se trouve en effet plus éloignée de l'Huveaune, mais suivant nous, sans avoir changé de place et grâce au prolongement cédé au Midi par les eaux.

Des recherches sur les lieux et des renseignements puisés dans les souvenirs des personnes les plus âgées de la localité, ont été également impuissants à nous faire découvrir aucun vestige, de nature à nous mettre sur les traces d'une église de ce côté.

(1) Cartul de St-Victor, ch, 89.
(2) M. Daspres. page 84.

Tous les anciens documents que nous venons de citer, et d'autres que nous avons étudiés, s'accordent a placer l'église primitive de Ste-Marguerite, dans l'endroit même où elle fut construite dans la suite. Une présomption qui l'établit sans témérité, c'est la reconnaissance qu'un archéologue dont le savoir a déjà fait ses preuves, M. Grinda, a faite d'un angle de ce dernier édifice et qui accuse nettement une construction du XIe siècle. (1)

Nous conformant du reste, à l'expérience que l'archéologie confirme chaque jour, et suivant la conduite inspirée par le respect et la vénération que les générations précédentes gardaient pour les lieux sanctifiés, nous croyons que l'église primitive, dut s'élever sur l'emplacement même, de celle qui a servi au culte jusqu'en 1852.

Elle se trouvait là au centre des diverses possessions énumérées dans les chartes de l'époque, précisément entre Carvillan et l'Huveaune, quoique à une distance plus rapprochée de cette rivière.

Si la primitive origine de l'antique église de Ste-Marguerite nous reste inconnue, il demeure acquis, sur la foi d'une charte de l'an 1020, qu'elle existait incontestablement dès le XIe siècle et avant 1047. En effet la donation de Boniface qui parle d'une terre située près de l'Eglise, fut faite du vivant de Guillaume dont la mort arriva seulement en cette année.

(1) Voir ci-après : Étude sur l'église primitive, ch. XI.

Subissant le sort commun à la plupart des établissements religieux qui avaient tenté la cupidité des barbares, notre église comme Carvillan, dut être dévastée et renversée dans le IXe siècle; mais les moines de St-Victor qui venaient de ressaisir leurs anciennes et riches possessions sur ce territoire, dûrent puissamment contribuer par leurs libéralités à la relever de ses ruines. C'est sans doute en reconnaissance de ces pieuses largesses que l'évêque de Marseille, de qui dépendait cette église leur en fit la cession. En effet le même Evêque Pons II qui en 1044 avait donné l'église de St-Giniez à St-Victor de Marseille, céda également celle de la Marguerite à la célèbre abbaye en 1073. Mais cette date ne peut être admise comme l'époque de sa reconstruction. Le prélat n'aurait pas manqué de le mentionner comme il le fait pour St-Giniez « désirant faire restaurer, pour la rendre propre au culte de Dieu, l'église de St-Giniez maintenant détruite, » (1) est-il dit, au lieu que dans la donation de l'église de la Marguerite, il en est parlé comme d'un établissement florissant, dont la charte énumère en termes pompeux les riches dépendances.

De ces diverses autorités, autant que de l'importance des possessions qui étaient sur notre territoire, plus de deux siècles auparavant, et nonobstant l'absence d'une mention antérieure au XIe siècle, nous sommes autorisé à affirmer que l'existence de notre église à cette époque n'était plus récente

(1) Cartulaire de St-Victor. Ch. 73.

CHAPITRE IV

SAINTE-MARGUERITE, PRIEURÉ DE L'ABBAYE DE SAINT-VICTOR (1072 à 1696).

Jusqu'ici distincte des possessions de Carvillan qui dépendaient de St-Victor, l'église du quartier appartenait à l'Evêque de Marseille et ressortait de sa juridiction. En 1047 Pons II, dont l'épiscopat glorieux, commencé en 1014, fut d'environ soixante ans, permit aux moines de percevoir la dîme sur toutes les terres qu'ils possédaient dans les limites de son territoire et il fait mention spéciale de celle de Carvillan. (1)

Cette première cession nous montre que les droits épiscopaux s'exerçaient non seulement sur l'église du quartier, mais encore sur des terres qui étaient distinctes des possessions monacales.

Quelques années plus tard, en 1072, le même Evêque, fait abandon de l'église et de toutes ses dépendances, à l'abbaye de St-Victor.

(1) Cartul. de St-Victor, Ch. 30.

L'intervention du Chapitre cathédral dans cette donation, indique un fait considérable dont il était un des intéressés.

Cet acte conservé dans le cartulaire de St-Victor est parvenu jusqu'à nous, il est intitulé : « *Charte de la donation faite par le Seigneur Pons, Evêque de Marseille, de concert avec ses chanoines, en faveur du monastère de St-Victor, de l'Eglise Ste-Marie surnommée Marguerite.* » S'il n'est pas le plus ancien titre que nous ayons pu retrouver sur notre église, il est incontestablement le plus important.

En voici la traduction :

« Moi Pons avec les clercs Amicus et les autres chanoines, nous donnons dans le dessein d'augmenter ses possessions, au monastère de St-Victor de Marseille, l'église de Ste-Marie qu'on appelle Marguerite, avec toutes ses dépendances, consistant en terres cultivées et incultes, avec la source et les jardins qu'on pourra y faire. Pierre Nadalia qui paraissait tenir l'église, à titre d'inféodation, a signé avec ses frères, la présente donation. Or l'église dont il s'agit, se trouve dans le territoire qui est situé entre Carvillan, et la rivière appelée Vuelne. » (1)

« Nous voulons, ajoute la charte, que la donation soit ferme et permanente, en sorte que personne ne puisse l'infirmer ou la contredire.

Cet acte porte la signature de Pons, Évêque de Marseille, dont la mort arriva l'année suivante ;

____

(1) Cartulaire de St-Victor. ch. 86.

il est daté de l'an 1072 et souscrit par les chanoines Bonfils, Amicus, Amélius, Gontard et un autre Amélius qui signèrent au nom du Chapitre.

Les moines de St-Victor ne tardèrent pas à prendre possession de l'église et des terres de Ste-Marie la Marguerite. En effet, le 23 avril 1113, une bulle de Paschal II confirme les bénéfices que le monastère de St-Victor possédait, et l'église de Ste-Marie la Marguerite figure déjà, dans la longue énumération qu'en fait le Pontife (1).

On aura remarqué cette expression de Ste-Marie la Marguerite, qui désigne jusqu'ici notre Eglise. L'induction la plus vraisemblable autorise à croire qu'elle avait été dédiée primitivement à la Très-Sainte-Vierge et que le surnom de Marguerite la distingua dans la suite, des nombreuses églises qui furent sous le même titulaire.

Cette dénomination lui fut conservée jusqu'au commencement du XII siècle.

Le 18 juin 1135, une bulle d'Innocent II confirme de nouveau le priviléges des moines de St-Victor et en particulier leur droit sur l'*Eglise de Ste-Marguerite* (2).

On voit par les termes de cette bulle que l'église du quartier ne portait plus le titre de Ste-Marie, mais celui de Ste-Marguerite. C'est la première fois qu'apparait cette dénomination.

(1) Cartul. de St-Victor. Ch. 848.
(2)   id.   id.   ch. 844.

C'est donc entre l'année 1113 et que l'année 1135,
que notre Eglise a changé de nom et le titre de
Ste-Marguerite a remplacé celui de Ste-Marie, soit
qu'on lui ait donné Ste-Marguerite pour patronne,
ce qu'aucun document connu n'autorise à croire,
soit, ce qui est plus vraisemblable, que cette
différence provienne d'une altération du premier
titre et qu'elle se soit accréditée d'abord par abré-
viation, puis par l'usage.

« L'église qu'on nommait Marguerite, c'est-à-
dire la Perle, dit Mgr de Belzunce, était dédiée
à la Ste-Vierge. Le nom de Marguerite a dans la
suite fait donner à cette église et à tout le quartier où elle était située entre l'Huveaune et Carvillan, le nom de Ste-Marguerite. (1) »

Sans préjudice de l'honneur dû à la glorieuse
martyre devenue légitimement, par la récente consécration de l'église, la Patronne du Lieu, on ne
peut s'empêcher de regretter la substitution d'un
titre qui a fait oublier que notre église est la première, dans le territoire de Marseille, que les
documents historiques nous fassent connaître
comme dédiée à la Mère de Dieu. Avant le milieu du XIme siècle, on l'appelait l'Eglise de
Ste-Marie, tandis que la plus célèbre de toutes,
Notre-Dame-de-la-Garde, ne fut érigée qu'environ
deux siècles plus tard.

Le premier acte qui fait mention de cette cha-

(1) Belzunce, Antiquité de l'Eglise de Marseille, T. I, 422.

pelle, est une bulle du Pape Honorius III de l'an
1218. La fondation de l'oratoir l'avait précédé de
quatre ans.

En vertu des priviléges et des faveurs insignes
accordées par divers Papes, et spécialement par
Urbain V, ancien abbé de St-Victor, le territoire
soumis à la juridiction de l'abbaye jouissait des
immunités les plus étendues. Ce Pontife exempta
expressément par plusieurs bulles, le monastère
de St-Victor et les autres maisons, prieurés et
bénéfices réguliers, tant d'hommes que de femmes,
en dépendant médiatement et immédiatement, de
toute juridiction des Patriarches, Evêques, Ar-
chevêques et autres, « voulant qu'ils ne ressortis-
sent que du St-Siége, avec défense aux ordinaires
de donner contre eux aucune sentence d'excom-
munication, suspension ou interdit, nonobstant les
constitutions apostoliques précédentes. »

Le même Pape, par une bulle de 1366, désigna
les limites dans lesquelles l'abbé de St-Victor
pouvait exercer sa juridiction dans le terroir de
Marseille. Elle s'étendait à partir de l'église S^t-
Nicolas, située à l'embouchure du port, dans l'enceinte comprise aujourd'hui par le fort St-Nicolas,
enfermait tout le bourg qu'on appelait anciennement le Revest, passait par l'Arsenal, jusqu'aux
murs de la ville qui ont subsisté jusqu'à la fin du
XVIIme siècle. De là elle passait au-devant du
couvent des Feuillants et des Capucins, dont le
souvenir est resté à la rue et à la place qui

portent le même nom de nos jours. La juridiction abbatiale se dirigeait ensuite vers la Plaine
St-Michel, englobant l'église St-Etienne, arrivait
jusqu'à Jarret en descendant par l'ancien chemin
de St-Pierre, continuait jusqu'au pont de Vivaux,
aux moulins des Griffens, dans le quartier maintenant de la Capelette, et de ces moulins jusqu'à
l'Huveaune en suivant la rivière jusqu'au pont de
Ste-Marguerite, et du pont à l'église Ste-Marguerite « qui appartient au monastère » dit la bulle.

Voici quelles étaient les limites précises de cette
juridiction dans notre quartier. A l'Est, le chemin
de Cassis depuis le pont de l'Huveaune jusqu'à
l'ancienne église inclusivement; au midi, le chemin
qui conduit à l'endroit nommé Feians.

Feians était une ancienne maison de la Prévôté du
Chapitre de la Major, sur le bord du ruisseau de
Couffone ; c'est encore de nos jours , ce ruisseau
qui sépare le territoire de Ste-Marguerite de celui
de Mazargues.

Nous pensons que le chemin qui conduisait de
Ste-Marguerite à Feians, est exactement désigné par
la petite traverse qui, partant du petit chemin qui
conduit au Cabot, se dirige vers le couchant, passe
près de la nouvelle et de l'ancienne église, devant
le cimetière , pour venir rejoindre le chemin de
Ste-Marguerite à Mazargues.

La limite du Midi était le chemin qu'on appelait
de *Fruilhat* ou *Frolhard*, et qui ne peut être que
la traverse qui commence près du pont de Ste-Mar-

guerite, suit le chemin de Barral et vient aboutir au chemin de Saint-Giniez, à Mazargues.

Le quartier de Truilhat était peu distant de celui de Féians; on les trouve même confondus dans un acte du registre des Cens de l'Eglise Majeure, daté du 24 décembre 1666 : *Feians sive Truilhat.* Cependant Truilhat s'étendait davantage vers le Midi, *ad Planas* (1).

Aujourd'hui des noms nouveaux ont été donnés à ces chemins, et il ne reste plus aucun souvenir de leurs anciennes désignations.

Au sortir de notre territoire la juridiction de St-Victor allait jusqu'à la Tour de Pable, qui était bâtie sur le littoral de Montredon, d'où suivant le rivage elle retournait jusqu'à St-Nicolas (2). En sorte que, l'abbaye renfermait sous son droit, tout le terroir à droite du monastère; mettant hors de la juridiction de l'Evêque de Marseille, les églises et les habitants contenus dans ce cercle.

L'année 1431, le terroir de Ste-Marguerite, ainsi qu'une grande partie de la banlieue de Marseille, furent ravagés par les Catalans qui avaient assiégé la ville, sans pouvoir s'en emparer (3).

La fin du XVe siècle, tout le XVIe et une partie du XVIIe siècle, furent des temps désastreux pour Marseille et pour son territoire, à cause des fréquentes visites qu'y fit ce fléau dévastateur qu'on

(1) Belzunce, Antiquité de l'Eglise de Marseille. III, 499.
(2) Ruffi, II, 168.
(3) Ruffi, I, 263.

nommé la peste (1). Les habitants de la ville, fuyant la contagion, vinrent se réfugier à la campagne; il fallait aviser et pourvoir aux subsistances. A cet effet, le 15 mai 1543, il y eut une convention passée entre la Commune de Marseille et les sieurs Vayssade père et fils, lesquels, en cas d'épidémie, s'engageaient à tenir boucherie dans six villages du territoire; Ste-Marguerite fut désigné dans le nombre, ce qui prouve que sa campagne était déjà parsemée de nombreuses habitations, destinées à recevoir, dans ces circonstances douloureuses, un grand nombre d'émigrants (2).

Il n'entre pas notre cadre de montrer que cette précaution dût être fort utile et de dire les nouvelles apparitions du fléau en 1547, en 1558, en 1579, en 1586, en 1597 et enfin en 1630 (3).

L'année 1545, sur une demande présentée à Mgr Etienne de Puget, évêque de Marseille, par quelques paroissiens de Ste-Marguerite et de St-Loup dont les habitations étaient éloignées de leur église respective, ce prélat autorisa la célébration de la messe le dimanche dans la petite chapelle de St-Tronc.

Cet usage se conserva jusqu'en 1710, époque où

(1) Ruffi, I, 296 et suiv.

(2) Ier Regist. des Délib. du Conseil mun., p. 39 à 44 (Archives de la ville, 28e section).

(3) Ruffi, I, 335 et suiv.

cette chapelle étant tombée en ruine, les fonctions
y furent interdites par Mgr de Belzunce.

Cependant les priviléges et les exemptions accordés par les Souverains-Pontifes aux bénéfices
dépendant de l'abbaye de St-Victor n'avaient point
été abrogés, mais depuis plusieurs années un procès était pendant entre l'abbé d'une part et l'évêque
de Marseille de l'autre. Mgr de Vintimille suivant
l'impulsion donnée par Mgr d'Etampes, son prédécesseur, revendiquait l'exercice de sa juridiction
propre sur quelques églises et l'abolition de certaines exemptions nuisant aux avantages spirituels
des fidèles.

On sait, en effet, que déjà vers la fin du XVIIe
siècle les religieux de St-Victor, bien déchus de
leur primitive observance réclamaient leur sécula-
risation. Elle fut accordée quelques années plus
tard par le pape Clément XII. Une bulle de
l'année 1739 sécularisait l'abbaye de St-Victor et
tous ses bénéfices, confiant la direction des affaires
à un Chapitre composé de l'abbé, d'un prévot,
d'un chantre, d'un trésorier et de seize chanoines.
Cette bulle est portée au registre 27 des insinuations ecclésiastiques.

C'était, pour toutes les dépendances de l'abbaye,
la consécration de ce qui avait été réglé en faveur
de quelques églises du diocèse, par la transaction
qui eut lieu en 1693 entre l'abbé de St-Victor et
Mgr l'évêque de Marseille avec le Chapitre de
l'Eglise Collégiale de St-Martin.

Cette convention vint modifier sensiblement l'état des choses ; elle comprenait douze articles dont le premier et le plus important fut que l'abbé et les religieux, leurs familles et leurs domestiques demeurant dans l'enclos régulier, seraient maintenus dans l'exemption de la juridiction épiscopale et resteraient soumis immédiatement au Saint-Siége.

Les autres articles portaient en substance que l'approbation des confesseurs pour les séculiers, même dans l'église du monastère, et toute la juridiction spirituelle sur le clergé tant séculier que régulier et sur les fidèles, dans tout le district de l'abbaye, appartiendraient à l'Évêque.

Les mandements et autres actes publics émanés de l'Evêque pour le diocèse devront être publiés et exécutés dans le territoire de l'abbaye (1).

La ratification de cette transaction que nous avons trouvée dans les archives de St-Victor est ainsi conçue.

« L'an 1693 et le 15 avril s'est assemblé le vénérable Chapitre et conseil de l'abbaye de St-Victor en forme et manière accoutumées, par mandement de Rd Messire Georges Emery, Camérier et grand Prieur de la dite abbaye, auquel Chapitre et conseil ont été présents avec le dit Sieur Grand Prieur, Messire Pierre de Porrade Aumônier, François de Valbelle, Infirmier, Fran-

(1) Antiquité de l'Egl. de Mars., Belz. T. III, 496.

çois d'Audiffret, Pitancier , Charles de Cipriany , Hotelier, J.-B. Audiffret, Armarier, Jean-Paul Ravelly, Prieur de St-Giniez *(et huit autres religieux capitulants)* lesquels bien informés de la dite transaction passée à Paris, le 4 courant, par devant Danot et Henry, notaires, garde notes du Roi au Chatellet, entre ILL. et RR. Mgr Charles Gaspard Guillaume de Vintimille du Luc, Conseiller du Roi, Evêque de Marseille, d'une part ; Très-Haut et très-Illustre Prince Mgr Philippe de Vendôme, Grand Prieur de France, Abbé commandataire de l'abbaye de St-Victor ; Rd. Messire Balthazar de Cabanes, Prieur de Notre-Dame-de-la-Garde et religieux profès en la même abbaye, d'autre part ; et Messire Honoré Roux, Prêtre, Prévot de l'Eglise Cathédrale de Senez, au nom et comme procureur des sieurs Chanoines et Chapitre de l'Eglise Collégiale et paroissiale de St-Martin, de cette ville, auxquels cette transaction, sur l'extrait de l'acte signé par les dits notaires, en a été tout présentement fait lecture par le dit sieur Grand Prieur, et après lecture faite, les sieurs du dit Chapitre, de leur gré, ont tout approuvé et ratifié, ainsi qu'ils l'approuvent et ratifient par les présentes. » (1)

Déjà depuis un temps qu'il n'est pas possible de déterminer, le service religieux du Prieuré de Ste-Marguerite, comme celui de la plupart des églises rurales, se faisait par des prêtres séculiers amo-

(1) Fonds de St-Vic or. Reg. M.

vibles que les habitants entretenaient à leurs frais. Jls recevaient la juridiction de l'Ordinaire et on les appelait Prêtres de quartier.

En vertu de la transaction dans laquelle nous voxons interxenir le Chapitre de St-Martin, conformément à des dispositions qui avaient dû être prises précédemment par l'autorité épiscopale, cette église fut reconnue comme paroisse exerçant sa juridiction, en dehors de ses limites dans la ville, sur certaines églises de la banlieue qui en devenaient ainsi comme une annexe. Quelques-unes relevaient de Saint-Ferréol; la nôtre dépendait de St-Martin.

Nous avons trouvé dans les registres de cette église, déposés au greffe du Tribunal civil, divers actes de baptême et de mariages, antérieurs à 1693, avec cette mention touchant les sujets : « habitants sur notre paroisse, quartier Ste-Marguerite. »

Il est donc vraisemblable qu'on n'eut qu'à continuer de plein droit ce qui se pratiquait depuis longtemps dans le fait.

Mais si la juridiction sur notre territoire échut à l'Evêque, Ste-Marguerite demeura comme précédemment un titre canonial de l'Abbaye de St-Victor, qui conserva ses droits de Directe sur une grande partie des terres du quartier.

Il en fut ainsi jusqu'à l'époque de la Révolution, comme l'établissent des actes que nous avons puisés aux archives de St-Victor. La dernière nomination du Prieuré de Ste-Marguerite qui nous soit connue.

fut faite en faveur de Messire de Fabre de Mazan, le 12 septembre 1776. En outre, le reg. 176 mentionne un reçu de 56 liv. provenant du droit de Lods, des héritiers d'André Magalon, pour une propriété à Ste-Marguerite, en 1763; un autre reçu de 2194 liv. de la veuve Delisle Grandville, pour une terre au même quartier en 1766; la même année on trouve un reçu de 441 liv. d'Isaac-Antioche Lemarchand de Rozainville, pour Lods d'une propriété à Carvillan. Enfin, nous avons sous les yeux un acte notarié de 1777, portant perception de 547 liv. pour droit de Lods dû au Chapitre, par L. Blanc, acquéreur d'une terre à Carvillan.

Notre église ayant toujours été un Prieuré simple et rural, les Prieurs portaient un titre purement honorifique, ne conférant aucune obligation et n'obligeant point à la résidence; comme d'autre part, ils n'exerçaient aucun acte de juridiction dans leur Prieuré et qu'ils n'étaient point capitulants, le nom des titulaires ne parait dans les actes officiels qu'à raison de circonstances exceptionnelles et non à cause de leur qualité. Aussi malgré l'étude spéciale que nous avons faite de ce sujet en compulsant les volumineuses pages des archives de St-Victor, n'avons-nous pu amener avec suite la succession des anciens Prieurs de Ste-Marguerite.

Nous en donnons la liste incomplète :

1563. JEHAN COMTE: — Il était en même temps Prieur majeur claustral de l'Abbaye de St-Victor, (*Arch. de St-Victor, reg. 25, fo 27*).

1632. Jean d'ALBOUITZ.
Antoine MARTIN.
1637. Pierre de REMUZAN.

> (*Pancarte des Bénéfices qui sont de la collation de St-Victor, arch. de St-Victor, liasse 311*).

1648. Antoine de SILVECANE. — Nommé au Prieuré de Ste-Marguerite, vacant par la démission de Pierre de Remuzan. (*Evêché, Reg. du Contrôle des Insinuations ecclésiastiques, n° CXLIII.*)

1660. Lèon de VILLAGE. — (*Arch. de St-Victor, reg. 12*).

1675. Jacques de PORRADE. — Est institué Prieur de N.-D.-de-la-Garde et de Ste-Marguerite, par une bulle du 23 décembre. (*Evêché, Reg. des Insin. ecclés., fol. 533 et suiv.*).

1676. Jean-Baptiste d'HOSTAGIER. — Clerc tonsuré, religieux du monastère de St-Victor, fils de noble Anthoine d'Hostagier, écuyer, et de dame Anne de Porrade, est mis en possession du Prieuré de Ste-Marguerite, le 22 mars, résigné par Jacques de Porrade. (*Evêché, Reg. des Insin. eccles., fol. 647*).

1694. Joseph de BLANC. — (*Arch. de St-Victor, reg. 16, fol. 30*).

1706. Joseph COLOMB. — Prêtre, bachelier en théologie, du diocèse de Digne, bénéficier de l'Église de Digne. Il fait demande pour obtenir du Pape le Prieuré rural de Ste-Marguerite, ne requérant pas la résidence personnelle, dépendant du monastère de St-Victor, vacant depuis plusieurs années par la mort du moine dudit ordre, dernier et paisible possesseur. — Bulle du 14 août 1706, portant provision. La prise de possession est du 18 octobre 1706. (*Evêché, Reg. des Insin. ecclés., fo 163*).

1717. Jean-Baptiste de VITALIS DE POURCIEUX. — (*Arch. de St-Viator, reg. O*).

1725. Ignace-Germain de SAINT-PAUL. — (*Collation du Prieuré de Ste-Marguerite, le 30 nov. Arch. de St-Victor, reg. P*).

1773. Joseph FEUILLÉE. — (*Arch. parois. et arch. de Santi-Victor, reg. T, 52*).

1776. AUGUSTE DE FABRE DE MAZAN. — Chanoine, comte de St-Victor, Prieur de Font-Verte-le-Châtel, diocèse de Langres, nommé Prieur de Sainte-Marguerite en remplacement de Messire Joseph FEUILLÉE, prêtre du lieu des Arcs, diocèse de Fréjus, décédé, (*Arch.*, *de St-Victor, reg. T*, 52).

CHAPITRE V

SAINTE-MARGUERITE, SUCCURSALE DE Sᴛ-MARTIN. —
ORGANISATION ADMINISTRATIVE. — ANNALES
PAROISSIALES (1696 à 1789).

A partir de l'année 1693, l'église de Ste-Marguerite en devenant succursale de St-Martin, reçut
une nouvelle organisation. Pour assurer la régularité du service, il fallait avant tout se procurer
des ressources afin de subvenir aux frais du culte
et pourvoir aux honoraires du prêtre qui devait
desservir l'église. On commença pour nommer des
marguilliers ou Prieurs séculiers.

Les Marguilliers avaient à cette époque une importance qu'ils n'ont plus depuis la législation
nouvelle, surtout dans les églises de campagne. Ils
n'étaient pas seulement les administrateurs du
temporel, mais encore les pourvoyeurs, on peut
dire, des églises.

Les églises rurales n'ayant dans l'origine aucune
ressource, les habitants des quartiers étaient obligés

,de se cotiser pour les faire bâtir, les entretenir et rétribuer le prêtre qui les desservait. Dans cette fin tous ceux qui avaient quelque possession sur son territoire, se réunissaient à des époques déterminées, ou bien dans certaines circonstances exceptionnelles, pour choisir des marguilliers qui devenaient, par cette nomination, les syndics du pays et jouissaient d'une véritable autorité reconnue devant les Tribunaux ; l'Évêque lui-même devait s'entendre avec eux pour la nomination des desservants dont ils prenaient le temporel à leur charge, et ces derniers, tout en conservant quelquefois la présidence d'honneur, n'avaient dans le conseil que voix consultative.

A Ste-Marguerite, vers l'époque que nous venons d'indiquer, l'église était administrée par six marguilliers. Deux étaient choisis parmi les notables propriétaires du quartier, lesquels n'y habitaient que durant la belle saison, et les autres parmi les indigènes, qui étaient ordinairement des cultivateurs, propriétaires ou fermiers. Les Marguilliers bourgeois avaient naturellement la haute main dans l'administration ; les comptes étaient tenus par eux, le plus souvent les villageois étant illettrés. Ces derniers prenaient place au banc et étaient chargés de faire la quête.

Un vestige de cet usage se voit de nos jours, dans l'institution des Prieurs villageois, qui, dans la plupart des paroisses rurales, tiennent au banc la place des fabriciens bourgeois, seuls chargés, d'après la loi, de l'administration temporelle.

Excepté St-Julien, St-Marcel et Château-Gombert, qui étaient paroisses, les autres églises de la banlieue servaient seulement à la célébration des offices divins ; on y administrait les sacrements de Pénitence et d'Eucharistie ; mais on ne pouvait pas y baptiser n'y célébrer des mariages, si ce n'est par exception et avec l'agrément du curé de la paroisse.

Les archives de Ste-Marguerite, conservées à la paroisse, remontent au 11 juin 1696. C'est là, désormais, que nous puiserons la plupart des choses que nous avons à en dire.

Le jour que nous venons d'indiquer, qui était le lendemain de Pentecôte, à l'issue de la Messe, les possédants biens du quartier se réunirent dans la maison presbytérale, sous la présidence du sieur François Mazerat, marguillier ; plusieurs dispositions particulières y furent prises ; il fut réglé entre autres choses que désormais la première Messe se dirait à sept heures, de Pâques à la Toussaint, et à 8 heures de la Toussaint à Paques.

MM. François Mazerat et Leroi, qui avaient été nommés marguilliers l'année précédente, furent priés par l'assemblée de continuer le service encore une année ; seulement au lieu de donner 21 liv. en commençant l'année, comme c'était l'usage, ils pûrent ne donner que 10 liv. et 10 sols ; le reste devait être fourni par les deux qui venaient d'être nommés, et dont on régla la préséance en déterminant la place qu'ils devaient occuper dans les cérémonies.

Déjà la population de Ste-Marguerite était assez considérable pour rendre l'église insuffisante; il est vrai que le chœur, qui y fut annexé plus tard, n'existait pas encore. C'est pourquoi on interdit à aucun « d'y tenir des chaises et des bancs autres que ceux qui étaient à l'entour, à la réserve toutefois des fêtes solennelles où il serait permis, pour la commodité de chacun, d'en faire porter pour entendre la prédication, cela néanmoins après que les messes seraient finies. »

Cette décision prouve en faveur des sentiments religieux de la population, et atteste l'empressement avec lequel on se rendait aux offices.

Il fut décidé, en outre, qu'on ferait placer un tronc pour y déposer les aumônes du *Corpus Domini*, de la Sainte-Vierge, de Ste-Marguerite et de St-Éloi.

C'étaient les titulaires des autels qui se trouvaient dans l'église à l'époque dont nous parlons.

St-Éloi était le Patron de la corporation nombreuse des selliers et des muletiers; l'église des Augustins, à Marseille, célébrait sa fête le 25 juin; mais le siège de cette ancienne confrérie était à Ste-Marguerite. Le jour de la fête les membres de la corporation venaient de grand matin, sur leurs montures richement caparaçonnées, au quartier de Ste-Marguerite; ils y faisaient célébrer une messe et bénir leurs mulets; ils retournaient ensuite pour assister à la procession qui se faisait dans la ville après la Grand'Messe (1).

(1) Calendrier spirituel, p. 34.

A la tête du cortége, marchait un cheval plus élégamment harnaché que les autres; il était monté par le capitaine de la confrérie, portant la bannière appelée *Gaillardet*. C'était un grand honneur de jouir de ce privilége, et on le payait quelquefois chèrement en renchérissant sur les offres des concurrents. C'est ce qu'on appelait *arranter le Gaillardet*. Le dernier enchérisseur avait le droit de porter cet étendard dans les cérémonies publiques auxquelles assistait la confrérie, et jouissait en plus du privilége d'entretenir à ses frais l'autel de St-Éloi. Ces prérogatives, fort appréciées, commençaient au jour de la fête pour finir le même jour de l'année suivante. Ce programme s'accomplit fidèlement jusqu'à la Révolution de 1789. Cependant l'usage de mettre en vente le *Gaillardet* fut interdit par Mgr de Vintimille, en 1697, probablement parce que cette opération bruyante, se faisant dans l'église, occasionnait un tumulte inconvenant pour le lieu saint.

Tous ceux qui connaissent Ste-Marguerite, savent que cet antique usage s'est en partie conservé jusqu'à notre temps, et que le jour de St-Éloi les voituriers et autres possesseurs de bêtes de somme, viennent faire bénir leurs montures, à l'issue de la dernière Messe, dont l'audition est exclue du programme, et qu'ensuite le *Gaillardet* est mis en vente sur la place de l'église.

Cette cérémonie est fixée au premier dimanche de juillet.

Au mois de mai 1697, les PP. Gautier, Delisle

et Sinéty, prêtre de l'Oratoire, viennent prêcher une mission à Ste Marguerite. Des établissements importants en sont la conséquence : d'abord, l'érection d'une confrérie appelée du St-Sacrement; le règlement obligeait chaque membre à choisir dans la journée du dimanche l'heure qui lui serait la plus convenable pour la passer en adoration. De plus, il fut réglé que le St-Sacrement serait exposé chaque troisième dimanche du mois ; qu'on ferait la procession autour de la place de l'église, et que la Bénédiction terminerait la cérémonie ; le tout avec approbation de Mgr l'Évêque.

En souvenir de cette mission une Croix, en pierre rouge, fut érigée au milieu de la place, sur une colonne de marbre , provenant de la libéralité de M. de Jouques, propriétaire.

Les missionnaires fondèrent également une congrégation de filles sous le titre de N.-D.-de-la-Garde et du St-Enfant Jésus. On régla encore que le jeudi dans l'octave du St-Sacrement, il y aurait une procession qui se ferait dans la campagne de M. Pontlevoy. C'est aujourd'hui la propriété de M. Hesse.

En cette même circonstance , après avoir donné comme itinéraire à la procession de St-Marc le tour de l'enclos de Cazaux; on confirma l'usage de faire, avant la Messe, le jour de l'Ascension, une procession faisant station dans la chapelle de M. Meynard.

Cette procession se faisait dans la plupart des

églises du diocèse, le matin ou le soir de l'Ascension ; on l'appelait la procession des Vertus. C'est le nom qu'on donnait à un brancard orné de guirlandes et auquel étaient suspendues deux étoles. Des jeunes gens revêtus d'une aube blanche le portaient, et la double ligne des assistants défilait par-dessous en baisant pieusement la croix du vêtement sacré. Lorsque les derniers rangs avaient passé, les porteurs s'empressaient de reprendre au pas de course la tête du cortège, et la cérémonie se répétait jusqu'à l'entrée de l'église. Cet usage singulier prêtait, en outre, à des inconvenances qui motivèrent son interdiction. Elle fut portée par une ordonnance de Mgr Fortuné de Mazenod, en 1824.

Il paraitrait que la cloche, qui servait à convoquer les fidèles à l'église, fut mise hors d'usage par quelque accident, toujours est-il qu'au mois de septembre 1676, des réparations notables ayant été faites à l'église et au clocher, on bénit solennellement une nouvelle cloche pesant 238 livres. Monsieur François Mazerat, marguillier en exercice, en fut le parrain et demoiselle Madeleine Boulle, marraine.

Nous trouvons dans nos archives le compte des réparations faites à l'église par Henry Camoin en cette année 1696 ; il est intéressant, à titre comparatif, d'étudier la valeur des choses à cette époque.

La journée d'un maître-maçon était rétribuée à raison de vingt-deux sous, celle d'un ouvrier ordinaire seize sous, et celle d'un manœuvre six sous.

L'émine de plâtre, soit deux doubles décalitres se payait huit sous; de nos jours la même mesure vaut un franc soixante centimes.

Un abus s'était introduit : les marguilliers paysans s'étaient déchargés sur des filles du quartier, non seulement du soin d'orner les autels de l'église mais encore de faire la quête de l'huile et autres; on reprocha à ces prieuresses un défaut d'intégrité, et le 25 mai 1698, on régla qu'à l'avenir, on choisirait, pour remplir ces fonctions, seulement parmi les filles de la Congrégation. C'était implicitement faire l'éloge de la probité de cette confrérie qui fournit encore de nos jours, les sacristines de l'église, lesquelles n'ont point dégénéré de la piété et du désintéressement de leurs devancières.

Le premier desservant dont nos archives font mention est Messire J.-B. Guérin. Nous le trouvons en 1696 donnant des preuves de son zèle pour le bien spirituel autant que de sa sollicitude pour la Maison de Dieu qu'il embellit et répara. Il cesse ses fonctions en 1700. Son successeur fut Mre Joseph Blanc qui prit possession de son titre le 14 mars de cette année. Ce dernier fut remplacé par Mre Pierre Gagnard. Le registre des Insinuations Ecclésiastiques, F° 163, mentionne celui-ci comme présent, en qualité de desservant de Ste-Marguerite, à la prise de possession du prieuré, par Mre Joseph Colomb, le 18 octobre 1706. Au mois d'août 1710 Mre Nicolas prenait la place de Mre Gagnard.

Une ordonnance synodale de Mgr de Balzunce

régla que les Pâques, qui pouvaient se faire auparavant à la paroisse ou indistinctement à l'église du quartier, se feraient à l'avenir dans l'église du quartier seulement. (1)

Le 21 juin 1711 l'élection des marguilliers bourgeois se fit d'une manière très-solennelle ; elle eut lieu en présence de MM. Lamberd et Lombard. « *Maires et Échevins de Marseille*, » et d'un grand nombre de notables qui à toutes les époques ont choisi notre quartier comme résidence d'été. Les élus furent MM. Guillaume Aillaud et Michel Gilly, propriétaires.

La chapelle de St-Tronc avait été interdite en 1710, à cause de la dégradation dans laquelle elle se trouvait ; mais elle ne tarda pas à être réparée par les soins des habitants des campagnes voisines. Mgr de Belzunce, prié d'autoriser de nouveau la célébration des saints Mystères, délégua Mre Cabrol, prêtre bachelier en théologie, promoteur d'office de l'évêché, pour faire l'inspection des lieux et considérer s'il y avait utilité à faire droit à la requête. Il fut reconnu qu'il y avait cent bastides qui étaient plus rapprochées de la chapelle que de l'église de Ste-Marguerite et de l'église de St-Loup, et dont les habitants s'engageaient à contribuer aux honoraires d'un prêtre qui serait chargé du service.

Mre Cabrol, avant de rien statuer, jugea conve-

(1) Calendrier spirituel, p. 174.

nable de prendre l'avis des desservants de St-Loup
et de Ste-Marguerite ; le premier opina en faveur de
l'opportunité de cette mesure ; quant à Mre Nicolas,
desservant de Ste-Marguerite, il la jugea indispensable, s'étant aperçu que la distance empêchait
quelquefois ses paroissiens de St-Tronc de venir
à l'église (1).

Une ordonnance de Mgr de Belzunce de 1712
obligea les prêtres desservant les quartiers, à tenir
un registre exact de toutes les personnes qui décé-
daient ou recevaient la sépulture dans leur district,
et de le remettre au commencement de l'année au
curé de la paroisse (2).

Le 8 juillet 1712, on nomma pour marguilliers
bourgeois MM. Décugis, Procureur, et Jean Audibert ; le 10 du même mois furent élus marguilliers
villageois MM. Sauveur Renoux, Claude Reynaud
et Georges Gay.

Une nouvelle mission fut prêchée dans le courant du mois de Mai 1714, par les RR. PP. Jésuites
de la Maison de St-Jaume à Marseille.

A la fin des exercices, pour en perpétuer le souvenir, on érigea une croix contre la façade de
l'église.

Il paraît que l'institution de la confrérie du St-
Sacrement, fondée à l'époque de la mission de
1696, était en décadence ; les nouveaux mission-

(1) Extrait du greffe de l'Évêché.
(2) Calendrier spirituel, p. 172.

naires la rétablirent et donnèrent une impulsion nouvelle à cette œuvre. Les personnes qui se firent inscrire furent au nombre de cent dix ; la liste en demeure dans nos archives; on y trouve la plupart des noms des familles habitant encore le quartier.

Les marguilliers bourgeois de cette année furent MM. François Beau et Jean Reynaud, et les villageois MM. Jean Durbec, Honoré Blanc, François Isidore et Joseph Olive. Cette élection des marguilliers se fit régulièrement chaque année ; nous trouvons exactement consignés dans nos archives jusqu'en 1778, les noms des élus. Nous pensons qu'il serait fastidieux pour le lecteur d'en produire la longue et périodique nomenclature ; nous en extrairons seulement, à mesure que nous les rencontrerons, les noms qui peuvent intéresser, soit par leur importance, soit par les souvenirs de famille.

En 1716, Mre Nicolas, desservant, fut remplacé par Mre Taxil. Celui-ci, en prenant possession de son poste, trouva la maison presbytérale dans un tel état de délabrement, qu'elle lui parut inhabitable. Le conseil des marguilliers adopta les réparations d'urgence.

Nous arrivons à cette année néfaste de 1720, qui jeta si profondément le deuil dans la ville de Marseille et son territoire. Dès le mois de Mai, quelques cas de peste se déclarèrent dans la ville : on voulut d'abord dissimuler le mal, mais bientôt il ne fut plus possible de le cacher, le nombre

dés morts devenant de jour en jour plus considérable. Au mois d'août on constatait de 300 à 400
décès journaliers, et au commencement de septembre ce chiffre s'élevait jusqu'à mille. Les habitants
de la ville venant chercher un refuge dans les
campagnes, y portèrent la mort.

Les deux premiers villages atteints du fléau
furent St-Marcel et Ste-Marguerite. D'après le dé-
nombrement officiel, le chiffre des morts dans notre
quartier s'éleva à 386 (1).

Mre Taxil, prêtre desservant, victime de son zèle,
fut atteint de la contagion au mois de juillet de
cette année, ce qui fut cause qu'on différa à l'année
suivante le recolement de l'inventaire des objets
mobiliers servant au culte, qu'à chaque fin d'exercice
les marguilliers remettaient entre les mains du
desservant avec la reconnaissance de ce dernier.

Hâtons-nous d'ajouter que l'atteinte ne fut pas
mortelle pour Mre Taxil ; il signe de nouveau l'inventaire en 1721 ; ce fut la dernière fois ; Mre Garrus
lui succède en 1722 et Mre Bonnaud remplace ce
dernier en 1729. Celui-ci imitant la signature des
dernières années de son prédécesseur, s'intitule
prêtre, curé ; cette qualification ne doit pas être
prise rigoureusement, car notre église n'était point
encore érigée en paroisse.

Le 5 juillet 1729. Mre François Fouque est nommé

(1) Statist. des B.-du-R., III,352. Papon, Hist. de Provence,
c. IV, p. 679.

comme successeur de Mre Bonnaud, mais il ne fait que passer : vingt jours après nous le trouvons remplacé par D^re Damian.

Il y eut à Paris, en l'année 1730, une assemblée générale du clergé du royaume ; il fut enjoint à chaque bénéficier, tant régulier que séculier, d'y faire connaître par des délégués diocésains, l'état de ses revenus. Cette déclaration est conservée aux archives de la Préfecture pour ce qui concerne le diocèse de Marseille ; nos archives paroissiales renferment celle que Mre Garrus, notre desservant, avait transmise aux délégués.

Nous cédons au désir de la reproduire ; c'est une réponse péremptoire aux accusations de cupidité qu'on fait peser sur le clergé de l'ancien régime.

Cette déclaration est intitulée : « État des honoraires du prêtre qui dessert l'église du quartier Ste-Marguerite : »

« En argent : 120 liv. chaque année. La quête : « 1° du vin, des sarments a la récolte ; 2° du pain, « de quinze jours en quinze jours. Enterrements : « pour un grand corps, 3 liv. et 1 cierge ; pour « un petit corps, 1 liv. et 1 cierge, Pour la pu- « blication et l'attestation d'un mariage, 20 sous. « Extrait d'un *Mortuorum*, 5 sous. Les offrandes « et les cierges des relevailles. Pour la procession « et la bénédiction du jour de St-Éloi, 2 liv. »

La Commission chargée de prendre ces renseignements évalua à 350 liv. les revenus du desservant de Ste-Marguerite.

Quelques autres dispositions particulières étaient stipulées en forme de coutumier. En cas de départ, le prêtre sortant devait laisser à son successeur, du vin qu'il avait reçu par la quête, à raison d'une millerole par mois, et ce, jusqu'au 1ᵉʳ novembre. Il laissera pareillement, dit le manuscrit de l'époque, « des sarments en proportion de ce qu'il aura reçu et ce, jusqu'au temps qu'on les taille. »

La même année 1730 vit le remplacement de Mʳᵉ Damian, desservant, par Mʳᵉ Jean Guigues, prêtre du diocèse de Senez.

Le nom bien connu en Provence d'un Albertas, figure dans nos registres en 1731; c'est celui de Mʳᵉ Gaspard d'Albertas, sieur de Jouques, qui signe en qualité de marguillier.

Il est difficile de détruire un usage quand il est devenu populaire et qu'il emprunte en sa faveur une apparence de religion. La défense faite en 1697, aux marguilliers de Ste-Marguerite, par Mgr de Vintimille, de mettre en vente le *Gaillardet*, tarda peu à être considérée comme lettre morte. Nous voyons, en effet, dès 1728, cette coutume remise en vigueur, et en 1731 c'était le sieur Joseph Amic, résidant au quartier de N.-D.-du-Mont, qui en devenait acquéreur, au prix de 16 liv. 10 sous.

Des travaux d'une grande importance furent entrepris en 1732; ils allaient apporter des modifications considérables aux dispositions de l'église; disons seulement ici, pour ne pas interrompre le récit, qu'au mois de juillet de cette année, on posa au couchant de l'église, les premières pierres de nouveaux bâtiments, qui devaient être le chœur et le presbytère. La bénédiction solennelle en fut faite par Mre Jean Guigues, desservant. M. André Magalon, ancien Échevin, assistait à cette cérémonie en qualité de bienfaiteur et de dépositaire des offrandes faites par les possédants biens et habitants du quartier, pour les nouvelles constructions.

Ces édifices sont demeurés jusqu'à ces dernières années ; nous verrons en son temps, les transformations que de nouvelles appropriations leur ont fait subir. On compte M. Jacques de Rémusat, ancien Échevin, au nombre des marguilliers de 1733. Au commencement de cette année, Mre Pelsc remplace Mre Guigues, et au mois d'avril suivant, il a pour successeur Mre Sébastien Sanson de la Garenne.

En 1733 et 1734, l'élection des marguilliers bourgeois ne se fait plus dans la maison presbytérale de Ste-Marguerite. Les propriétaires se réunirent à cette fin dans le cloître du couvent des RR. PP. Augustins de Marseille. En 1735, c'est encore à Ste-Marguerite que se tient l'assemblée des possédants biens pour l'élection des marguilliers ; Mre Jean Joseph Blanc, qui avait succédé à Mre de la Garenne en cette même année, la présidait en qualité de desservant.

Une réunion générale, à laquelle furent convoqués par lettre privée, les principaux propriétaires, se tint le 9 juillet 1737, dans le réfectoire du cou-

vent des RR. PP. Augustins. Parmi les présents,
nous relevons les noms de MM. Poncy, notaire
royal, premier marguillier; André Magalon, ancien
Échevin; François Olivier de Puget ; Honoré Lemère, courtier royal; Laurier, capitaine de vaisseau;
Luc Borelly, notaire.

M. Poncy fit connaître à l'assemblée que feu
M. Claude Reynaud, par son testament du 7 avril
1736, reçu par Me Monoyer, notaire du lieu de
St-Tropez, avait fondé dans l'église de Ste-Marguerite, une Messe devant être célébrée par les RR. PP.
Récollets de Marseille, tous les dimanches et fêtes
de l'année; et qu'une rente de 150 liv. hypothéquée
sur les biens du testateur, était affectée à cette
destination. La dame Reynaud, épouse du sieur
Ribiers, sœur du défunt et son héritière, n'ayant
pas encore fait exécuter la volonté de son frère,
l'assemblée donna pleins pouvoirs à MM. Lemère
et Teissère, auxquels furent adjoints MM. Magalon
et Poncy, de voir ladite dame et l'engager à faire
dire la Messe, en conformité du testament, et à
son défaut de « donner requête par devant qui de
droit, et poursuivre jusqu'au payement définitif. »

Nous avons extrait des délibérations originales le
récit historique que nous avons conduit jusqu'à
cette époque; à partir de 1738, le registre ne contient plus qu'un double certifié conforme aux actes
qui durent être inscrits à l'avenir, sur papier tim-
bré, « afin, dit la note que nous trouvons dans
nos archives, d'éviter les contestations. »

Cependant les travaux que l'on avait commencé en 1732 n'avaient pu être achevés par défaut de ressources. Pour les reprendre et les mener à bonne fin, il fut convenu avec qui de droit que la troisième Messe établie par le leys Reynaud, ne se dirait que pendant les mois d'août, de septembre et d'octobre, époque où les campagnes étaient principalement habitées; et que le traitement affecté à ce service, passerait aux frais des réparations urgentes.

Quarante années avaient consacré l'usage de faire la processsion solennelle du St-Sacrement, le jeudi dans l'octave de la Fête-Dieu : une modification est apportée à cet usage en 1738. Une délibération de MM. les marguilliers fixe désormais cette cérémonie au Dimanche, sans doute parce que ce jour étant chômé, devait mieux favoriser le concours des fidèles.

Parmi les marguillers en exercice dans les années suivantes, on remarque les noms de Louis de Saboulin, Lamotte, Ecuyer, Denys Borelli et Jean Boyer, anciens Echevins.

En 1743, Mre Pierre Joseph succéda à Mre Blanc.

L'ancienne cloche qui avait été placée en 1696, fut remplacée en 1745, et des réparations furent faites au couvert du sanctuaire par André Camoin, qui était le maçon de l'église.

C'est vers cette époque que les Fonds Baptismaux furent établis dans l'église du quartier, et l'on commença à y baptiser. Les premiers actes de baptêmes dont nos registres, déposés aux archives de la ville font mention, sont de 1744. Jusqu'à cette époque on baptisait à St-Martin. Le premier mariage célébré dans l'église du quartier, inscrit sur nos registres, est du 28 février 1746 ; mais jusqu'à l'époque de la Révolution ce sacrement est administré « par délégation de Me X., Chanoine, Curé de l'église collégiale et paroissiale de St-Martin. » ainsi le portent les divers actes que nous avons parcourus.

Mre Joseph cesse ses fonctions de desservant. le 20 septembre 1759 et quelques jours après il est remplacé par Me Feuillée.

Sur la demande du nouveau desservant, l'assemblée annuelle régla que les marguillers villageois, auraient la charge de faire de trois en trois mois la cueillette des 24 sols que chaque chef de famille dût fournir annuellement, pour remplacer la quête du pain qui était vraiment humiliante. Les Marguilliers bourgeois prirent à leur charge de pourvoir à tous les frais du culte excédant les recettes : ces dernières étaient, à cette époque, si minimes qu'elles laissaient libre cours aux fréquentes libéralités de ces Messieurs.

Disons à leur honneur, qu'ils ne faillirent point à la tâche et nos archives perpétueront le souvenir de leurs largesses.

MM. Godet, Seigneur du Perret, Samatan ancien Echevin, de Bovignan, avocat à la cour, d'Ollières de Luminy, Chevalier de St-Louis, Zacharie Hazard notaire, Barthélemy Cornet, Consul de la

« Sérénissime » République de Venise, et quelques
autres, furent chargés de l'administration temporelle de l'église, de 1760 à 1765. Cette année les
Prieurs villageois, qui étaient Vincent Rougier.
Jullien Caillol. Joseph Dravet et Antoine Blanc.
refusant de rendre compte aux marguilliers bourgeois. comme ils y étaient tenus par les ordonnances et les usages, des deniers de l'église, sous
prétexte qu'ils ne savaient point écrire. furent
assignés devant le lieutenant Général de la Séné-
chaussée de Marseille, sur la requête de Barthélemy Cornet, marguillier. L'instruction de l'affaire
fut arrêtée par l'acquiescement des Prieurs et la
déposition de leur gérance, entre les mains des
marguilliers bourgeois.

Cependant, le mauvais état dans lequel se trouvait l'église, l'indécence de l'autel majeur. tombant de vétusté et d'autres affaires secondaires,
motivaient une assemblée générale de tous les
possédants biens du quartier afin d'aviser. La
convocation annoncée au prône pendant trois Dimanches consécutifs fut faite encore par billets à domicile et la réunion eut lieu le Dimanche 19 octobre
1766, après Vêpres. dans l'église même du quartier.

MM. Sylvestre Drogoul, ancien officier d'artillerie
et Antioche Lemarchant de Rosinville, marguilliers
en exercice signalèrent les dégats et montrèrent
que l'état de dégradation de la toiture donnant
issue aux eaux pluviales menaçait de faire tomber

le plafond du chœur ; qu'en outre le mur de prolongement se détachait de l'ancienne construction, en sorte qu'il y avait urgence d'y porter remède.

Afin de suffire aux frais que cette réparation devait nécessiter, on décida qu'une souscription serait ouverte; elle produisit la somme, considérable pour l'époque, de 1476 liv.

Parmi les souscripteurs, outre les marguilliers déjà cités, on trouve les noms de MM. Second, Lambert, d'Auvergne, de Rémusat, d'Albertas, de Villeneuve-Bargemont, de Luminy, de Bovignan, Colavier, Abeille et autres.

Jusqu'à l'époque où nous sommes arrivés, la pratique s'était conservée de donner la sépulture aux défunts dans les caveaux intérieurs de l'église : mais le défaut d'entretien, peut-être les dégradations provenant du déplacement fréquent des pierres tombales, avaient occasionné un inconvénient des plus graves. Des exhalaisons fétides se répandaient dans l'église, et auraient inévitablement éloigné les fidèles des offices divins. On jugea qu'il était urgent d'aviser. On le fit en détruisant la cause du mal. Les caveaux furent vidés, puis comblés, et l'ouverture carrelée au niveau du sol de l'église.

Le dernier ensevelissement qui eut lieu dans l'église, est du 24 avril 1767. Depuis lors, les inhumations se firent dans le cimetière. Le premier acte qui enregistre cette innovation est du 11 mai de la même année.

Nous trouvons parmi les marguilliers bourgeois des années suivantes, les noms de MM. Joseph Isnard, archiviste de la Chambre de commerce, Nicolas de Borrely, ancien officier de cavalerie, baron Reynaud de Trest, de Villeneuve-Bargemont, chanoine de St-Victor, etc. Ce dernier, qui a laissé diverses notes de sa main dans nos archives, possédait sur notre territoire un très vaste domaine, appelé *la Mazerade*, parce que M. Mazerat qui l'avait possédé à la fin du siècle précédent, lui avait laissé son nom.

Morcelées depuis, ces terres sont devenues partiellement la propriété de M. Grué, avoué, de M. Allard, négociant, qui récemment y ont fait construire de magnifiques maisons de campagne.

L'abbé de Villeneuve avait pris possession de son canonicat à St-Victor, le 5 mars 1746 ; s'étant retiré à Paris, au Collége de Navarre, il donna sa démission de chanoine le 2 décembre 1747. Nommé par brevet royal du 5 juillet 1747, grand chantre de l'insigne Abbaye ; il vint prendre possession de son titre le 14 mai 1748, après avoir donné les preuves de sa noblesse et obtenu la confirmation de sa nomination à Rome, le 10 des calendes de septembre ; il fut quelques années après député pour assister à l'Assemblée des États.

En ce même temps, MM. J.-B^{te} Clary, Pierre Allaud, J.-B^{te} Arnoux, Joseph Gay, Jean Renoux et autres noms portés encore de nos jours, figurent au nombre des marguilliers villageois.

Des plaintes furent présentées à l'assemblée des possédants biens de 1774, touchant l'omission de la troisième Messe qui devait être dite dans notre église, chaque dimanche de l'année, en conformité du legs de M. Reynaud, par les RR. PP. Récollets. Les marguilliers montrèrent par les explications qui furent apportées, que leur sollicitude pour ce qui concernait les intérêts religieux du quartier, ne pouvait être prise à défaut, pas plus que la vigilance de Mre Feuillée, desservant, au zèle duquel l'assemblée se plût à rendre hommage. La pénurie de prêtres était le seul motif qui avait privé le quartier de la troisième Messe. Peu de temps après, par une faveur de Mgr l'Évêque qui accorda un *Bis*, c'est-à-dire, la faculté de célébrer deux fois le même dimanche, un prêtre appelé Besson, vint régulièrement dire la troisième Messe les dimanches et fêtes. On prit pour ses honoraires sur la fondation que n'acquittaient plus les PP. Récollets.

Les marguilliers bourgeois de 1775, furent MM. Paul et Dominique Bertrand. M. Paul étant mort peu après sa nomination, M. J.-François Martin, son exécuteur testamentaire, remit à M. Dominique Bertrand la somme de 856 liv. 7 sous 6 deniers, dont le testateur était dépositaire au moment de sa mort.

Une déclaration de Louis XVI, du 15 mai 1776, défendit d'inhumer dans les églises, à cause du danger que cette pratique pouvait présenter pour la santé publique. Cette déclaration fut enregistrée au Parlement de Provence, et devint obligatoire en 1777. Il est vraisemblable que l'on n'eut rien à faire à Ste-Marguerite pour obéir à cette ordonnance, puisque des dispositions analogues l'avaient prévenue dix ans auparavant, comme nous l'avons déjà dit.

L'importance extrêmement modeste de notre église est la cause qui la fait en quelque sorte disparaître des annales religieuses de St-Victor. Toutefois le titre de Prieur n'avait pas cessé d'être conféré, soit à des religieux, soit à des séculiers. Nous le trouvons uni à celui de desservant, en la personne de Mre Feuillée, qui signe en cette qualité depuis le 6 novembre 1773 jusqu'au 27 mai 1776.

Nous savons par le registre de cette année, conservé aux archives de la ville, que MM. Bernard-J.-B^te Bozan, desservant de St-Loup, Joseph Rouchon, desservant du Rouet, administrèrent les sacrements dans notre église avec la mention insérée dans les actes : « en l'absence de Mre Feuillée, desservant. » L'explication de cette absence nous est fournie par le même registre qui, à la date du 11 septembre 1766, porte l'acte de la sépulture de notre desservant et que la maladie avait dû empêcher de remplir ses fonctions durant quatre mois. Il était âgé de 63 ans, il en avait déjà passé 17 à desservir notre église et depuis trois ans il portait le titre de Prieur ; jusque là rien dans les actes qu'il signe, ne fait supposer ses attaches à l'abbaye de St-Victor : il fut l'avant dernier titulaire du Prieuré de Ste-Marguerite. Le registre T des fonds de Saint-Victor fol° 52 porte « la nomination de Mre de Fabre de Mazan. comme Prieur de Ste-Marguerite le 12 septembre 1776, en remplacement du titulaire, Mre Feuillée Joseph, prêtre du lieu des Arcs, diocèse de Fréjus.

Mre Feuillée eut l'honneur d'être enseveli dans le sanctuaire de l'église où ses restes demeurent conservés; Mre Bernard, qui lui avait rendu les derniers devoirs, le remplaça comme desservant. Il figure sur nos registres en cette qualité depuis le 14 septembre 1776 jusqu'au 2 janvier 1792.

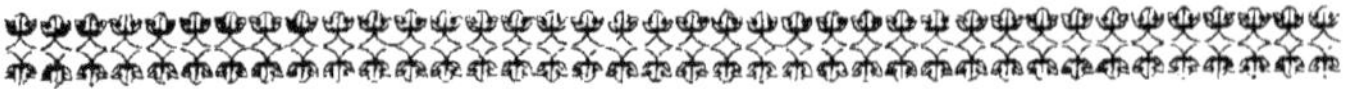

CHAPITRE VI

SAINTE-MARGUERITE PENDANT LA PÉRIODE
RÉVOLUTIONNAIRE (1789 à 1803).

L'orage révolutionnaire qui déjà avait amené
des perturbations déplorables dans les grandes
villes, n'éclata pas aussitôt avec la même fureur
dans les campagnes ; il fallut toute la violence de
la persécution pour arracher du cœur de certaines
populations, les sentiments religieux que l'impiété
dominante du siècle passé n'avait point pervertis.
Aussi est-ce principalement dans les campagnes
que se rencontrèrent ces traits d'héroïsme qui con-
solent des hontes de cette triste époque.

Mre Bernard desservait Ste-Marguerite, quand
se firent entendre les premiers grondements de
la tempête sociale. Il n'eut d'abord rien à redouter,
ses paroissiens l'auraient au besoin défendu au

péril de leur vie. car puissant était l'ascendant que lui avaient acquis ses vertus éminentes et son inépuisable charité. Il put donc exercer son ministère sans entraves jusqu'en 1792.

En vertu de la loi du 22 Décembre 1789, la circonscription civile fut modifiée et Marseille se trouve classée comme troisième district du département des Bouches-du-Rhône, partagé lui-même en huit cantons. Le cinquième, dont Mazargues devient le siége, comprend : Mazargues, Ste-Marguerite, Bonneveine, Montredon, Carpiagne, Luminy, Le Rouet, St-Giniez et N.-D. de la Garde.

Le 14 février 1791, la Commune fut divisée en sections, au nombre de douze, composées chacune d'une partie de la ville et d'une partie de la banlieue. Cette division avait principalement pour but l'organisation de la garde nationale.

Ste-Marguerite fut compris dans la dixiéme section dite de St-Victor et de Marzagues; la garde nationale y fut établie, mais elle n'eut à accomplir aucun fait de nature à être signalé.

Il ne saurait entrer dans notre cadre d'exposer l'organisation schismatique qui fut tentée à l'égard des circonscriptions ecclésiastiques ; disons seulement que le citoyen Charles Benoit Roux, se disant évêque constitutionnel des Bouches-du-Rhône, enjoignit, l'année 1792, à tous les curés et desservants de transférer à l'Hôtel-de-Ville les registres paroissiaux. Il trouva un prêtre complaisant en la personne de Mre Achard que nos registres

qualifient desservant de Ste-Marguerite, à partir du
24 mars 1792, et qui signe comme tel les actes
de baptêmes, de mariages et de sépultures jusqu'au mois de Décembre de la même année.

Pourtant M. Bernard vivait encore et conservait
son titre de desservant de Ste-Marguerite : on
trouve des actes signés de lui avec cette qualification, dans les registres de St-Giniez, jusqu'en
1794. Trop orthodoxe pour obéir aux injonctions
d'un évêque schismatique, il dut céder sa place :
Mre Achard qui exerce les fonctions ecclésiastiques
depuis lors, tout en insérant dans la formule des
actes paroissiaux, qu'il prétend se conformer aux
rites de la Ste-Église romaine, entrait en commu-
nion avec l'évêque intrus et acceptait sa juridiction
anticanonique.

En effet, la nouvelle circonscription civile, comme
nous l'avons dit, faisait dépendre Ste-Marguerite
de Mazargues ; mais l'autorité ecclésiastique n'avait
point sanctionné cette modification et notre église
dépendait toujours, juridiquement, de la paroisse
St-Martin : or nous lisons dans un acte de mariage du 17 avril 1792, enregistré et signé par le
citoyen Achard, cette formule : Après trois publi-
cations faites en notre église *succursale* de Ste-Marguerite, *dépendant de Mazargues.* » Dans un autre :
« L'an 1792, le quatrième de la liberté et quatrième jour de septembre, après une publication
faite à notre messe de paroisse de l'église de
Ste-Marguerite, *succursale de Mazargues*, où la dis-

pense de consanguinité au troisième degré, de la publication de deux bancs accordée par Mre Charles Benoît Roux, *évêque constitutionnel du Département des Bouches-du-Rhône, Métropolitain des côtes de la Méditerrannée*, etc. (1) »

Nous remarquons que tous les actes, après l'énoncé de l'année, portent cette variante : « l'*An IV de la Liberté* « ou » *de l'Égalité, premier de la République*. » A partir du mois d'octobre, on y fait mention du procès verbal du consentement des parents par devant le juge de paix, dans les actes de mariage, et cela se continue de la sorte, jusqu'au moment de la saisie du registre paroissial par l'état civil. Le procès-verbal de cette confiscation légale demeure inscrit dans le même registre : il est ainsi conçu : « L'an premier de la République française et le 4 décembre, nous Barthélemy Flotte, juge de paix du canton de Mazargues, territoire de Marseille, officier public provisoirement nommé par le Conseil Général de la Commune de Marseille, certifions nous être transporté à l'église succursale de Ste-Marguerite, paroisse de Mazargues, et en conformité de la loi du 25 septembre dernier, avons requis le citoyen Achard, vicaire, de nous présenter les registres contenant les actes de naissances, mariages et décès, à l'usage de son église et à l'instant, le dit citoyen Achard nous a remis le présent registre et nous l'avons transporté

(1) *Archives de la Ville*, Reg. II, Ste-Marguerite.

7

chez nous pour y transcrire dores en avant, les actes de naissances et de décès. » Signé : Flotte juge de paix, officier public. » (1)

A la suite de cette déclaration vient un acte de décés du 19 décembre 1792, constaté par ledit juge de paix et signé de lui ; c'est le dernier du registre.

Le citoyen Achard ne jouit pas longtemps de la faveur que lui avait acquis sa coupable condescendance. La secte schismatique elle même fut entraînée et disparut dans le gouffre révolutionnaire. L'évêque intrus paya de sa tête son apostasie et les prêtres assermentés, assimilés aux réfractaires, dûrent également demeurer cachés, pour se soustraire à la mort ou à la déportation.

Les premier actes que conservent nos archives, après M. Achard, sont de 1795 ; ils portent la signature de Mre Brouchier, mais avant cette date, le nom vénéré de ce prêtre se trouve mêlé à de touchants souvenirs, dans les traditions locales que nous avons recueillies. Il dût prendre sans délai le poste abandonné par Mre Achard, car c'est lui qui desservait Ste-Marguerite, quand furent édictées les mesures rigoureuses de proscription. Jusque là, le souffle de la tempête n'avait point agité notre paisible paroisse, et aucun acte de violence n'y était venu troubler la paix dont on y avait toujours joui à l'ombre de l'église qui per-

(1) *Archives de la Ville*, Reg. II. Ste-Marguerite.

sonnifiait l'influence religieuse et sous le patronage puissant des riches propriétaires du quartier.
Mais les temps ne tardèrent pas à devenir plus
mauvais ; on était arrivé à cette période néfaste
inaugurée le 31 Mai 1793, que l'histoire enregistre
sous le nom de temps de la Terreur.

Mre Brouchier n'avait point quitté encore son
presbytère mais l'influence dominante de quelques
exaltés pouvant compromettre, tout au moins rendre
impuissant le dévouement de ses amis, l'obligea
à user de plus de prudence.

Un jour des émissaires, en armes, arrivent pour
le saisir ; le digne prêtre se présente lui-même et
obtient, avant d'être emmené, la faveur de monter
seul dans ses appartements, pour y prendre quelques menus objets. La toiture d'une petite dépendance du presbytère se trouvait au-dessous de la
fenêtre, et par dessus un grand arbre étendait ses
vastes rameaux ; Mre Brouchier sans hésiter prend
cette voie périlleuse, se laisse glisser sur le toit
inférieur ; puis d'une main que le danger enhardit,
saisissant une branche, il parvient, non sans danger,
à mettre pied à terre dans la campagne Martin
Surian, qu'un mur peu élevé séparait du jardin
du presbytère. De là il se dérobe à la vigilance de
ses débonnaires gardiens, en fuyant à travers la
campagne Delisle, appartenant aujourd'hui à M.
Hesse.

Nous avons entendu raconter avec une émotion
communicative, à des anciens qui le tenaient

naïvement de leurs pères, que M. Brouchier malgré son costume ecclésiastique, qu'il n'avait pas
pris la peine de quitter, passa invisible dans sa
fuite, au milieu des nombreux travailleurs répan-
dus à cette heure du jour dans la campagne. Ce
fut à une distance d'environ six cents mètres,
dans la maison de campagne de M. Verdillon,
aujourd'hui propriété de Mme de Surian Alfred,
que le vénérable fugitif trouva une bienveillante
et inviolable hospitalité.

Un soi-disant patriote s'était mis à la tête des
agissements révolutionnaires, il était connu dans
le pays sous le nom de *Tourdré* et la campagne
qu'il habitait vers le Cabot, conserve encore ce
nom. Il s'était donné la mission de rechercher les
jeunes gens qui essayaient de se soustraire à la
conscription qui les moissonnait sans réserve pour
les envoyer à la guerre. On le voyait parcourir
les campagnes, des armes suspendues à sa ceinture terrorisant les familles, leur imposant des
garnissaires, pour découvrir la retraite des jeunes
réfractaires.

Ces détails nous les tenons d'un vieillard qui
dans sa jeunesse fut victime de la vile dénoncia-
tion du *Tourdré*.

Du reste, ce fanatique qui, par son exaltation politique, était arrivé à exercer sur les gens du quartier
une autorité aussi tyrannique qu'illégale, fut avec
un autre surnommé le *Renard*, habitant Mazargues,
l'agent de perquisitions vexatoires qui obligèrent
Me Brouchier à demeurer caché.

Le vénérable desservant reparut cependant au milieu de son peuple après le 9 thermidor an II (22 juillet 1794), à la chute de Robespierre; son nom figure dans nos registres jusqu'au 22 décembre 1796.

Durant cette période néfaste, divers prêtres vinrent à la dérobée administrer les sacrements. Nos registres conservent les noms de MM. Aubin, Laugier, qui signe : « prêtre catholique » par opposition aux assermentés, et J.-B^te Vial. Ce dernier se fixa même à Ste-Marguerite. Grâce à un dévouement qu'on ne saurait trop louer ; dans un temps où la moindre marque de sympathie envers les nobles et les prêtres était punie comme un crime capital, il reçut une généreuse hospitalité, tantôt auprès de M. Martin, surnommé Mignon, dans sa campagne, devenue la propriété de M. Reynard ; tantôt auprès d'un chirurgien, maître d'école, également appelé M. Martin. La maison de ce dernier, située dans la partie du village dite la *Maçonne*, devint le centre où M. Vial administrait les Sacrements, célébrait le Saint Sacrifice, et d'où il rayonnait, à la faveur de la nuit, soit dans les villages voisins, soit dans la campagne, pour visiter les malades.

Un vieillard de nos jours nous a raconté avoir assisté dans son enfance, à la célébration du mariage de sa sœur, béni par M. Vial, dans une chambre de la ferme, alors de M. Hornbostel, aujourd'hui appartenant à M. Bernich.

Afin de détourner les soupçons, M. Vial était connu des gens du quartier sous le nom de *Maître Jean*. Aller voir Maître Jean était synonyme d'aller à la Messe.

Les registres de St-Giniez conservent des actes de baptêmes faits par M. Vial à la date du 17 mai 1797, du 26 novembre 1798 et en 1806. Nous avons trouvé dans un cahier annexé aux registres de l'église St-Théodore, à Marseille, quelques actes de baptêmes faits en 1794, à Ste-Marguerite, par M. Ballon, qui signe : « Prêtre en mission à Ste-Marguerite. »

Au milieu des dangers que courait le clergé à cette époque, et dans la difficulté que rencontraient les fidèles pour recourir à son ministère, la délégation canonique avait été déférée à plusieurs prêtres pour une même circonscription ; c'est ce qui explique le titre énoncé par les signataires des actes ci-dessus, aussi bien que l'absence de leurs noms dans nos registres. Ils étaient les auxiliaires de M. Brouchier, qui ne déserta point son poste aux heures du péril, mais qui ne devait se montrer qu'avec prudence, étant très-connu et pouvant aisément être dénoncé comme réfractaire.

Cependant l'église n'avait pu échapper à la profanation ; elle devint le siége des réunions populaires, et plus d'une fois ses voûtes sacrées retentirent d'ignobles propos ou d'odieux blasphèmes.

Des scènes de violence y furent données, au milieu des discussions politiques des néo-patriotes. Une

fois entre autres, on raconte que le Président du
Bureau, en guise d'argument, fit voler son encrier
à la face d'un préopinant récalcitrant. La victime
de cet acte de brutalité bien connue dans le pays,
en porta jusqu'à la fin de ses jours les traces cica-
trisées.

Il paraît néanmoins que ces réunions n'eurent
pas grande faveur, soit que l'esprit de la population offrit peu de prise aux séductions révolutionnaires, soit que les distances sur lesquelles se
trouvaient disséminées les habitations les rendissent
difficiles et trop peu nombreuses ; toujours est-il
que les assemblées eurent bientôt lieu à Mazargues,
et l'église fut alors transformée en grenier à foin.

Peu après, notre église, le presbytère et le jardin
y attenant, quoique achetés, réparés et entretenus
durant des siècles par les deniers des paroissiens,
furent classés comme partie du domaine national
et mis en vente à la Régie des biens nationaux.
Voici l'insertion qui est faite de cette vente dans
le registre 873, de la vente des biens du domaine
national : « Le 19 Floréal, an VII, vendu un domaine ayant appartenu au ci-devant clergé ; borné
au levant, par la propriété du citoyen Martin ; au
couchant, par le chemin allant à St-Giniez ; au
midi, par le cimetière du quartier Ste-Marguerite ;
au nord, par le petit jardin ; adjugé au citoyen
Jean-B^{te} Régnault, pour la somme de vingt-cinq
mille liv. »

Cette somme ne paraîtra pas exagérée si l'on

considère qu'elle fut payée en assignats, dont le cours était grandement en dépréciation.

La même année 1799, et le 9 novembre, Bonaparte était nommé consul, et l'ordre commençait à se rétablir. On put dès lors rouvrir les églises qui n'avaient pas été vendues. La nôtre qui avait été aliénée, dut être rachetée, et ne fut livrée au culte que le 3 avril 1803.

Les Sacrements continuèrent à être administrés jusqu'à cette époque, dans des maisons particulières, mais non plus clandestinement. Le Saint Sacrifice était célébré le dimanche dans une grange appartenant à M. Martin, au quartier de la Maçonne, et l'on pouvait s'y rendre ostensiblement.

Toutefois, ce ne fut que quelques années après que l'exercice public fut autorisé.

Le 29 Pluviose, an XIII (18 février 1805), le Commissaire général de police, dans une lettre adressée à M. Vial, recteur de Ste-Marguerite, prévient celui-ci que le Préfet du département vient d'autoriser les habitants du quartier à exercer publiquement le culte catholique.

D'après un tableau général de la population *des arrondissements de la ville, faubourgs et hameaux de Marseille*, que nous trouvons aux archives de la Préfecture, le quartier de Ste-Marguerite est inscrit, à la date du 2 Pluviose, an IV (22 janvier 1796), comme renfermant une population qui s'élève à mille vingt personnes.

G. Grinda, Arch. del.   Imp. St Joseph et Lith du Midi.

VUE DE L'ANCIENNE ÉGLISE

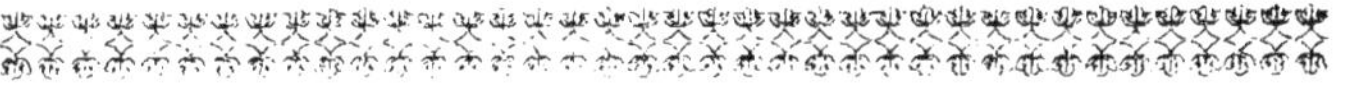

CHAPITRE VII

SAINTE-MARGUERITE ÉRIGÉE EN PAROISSE, DEPUIS LA RÉOUVERTURE DE L'ÉGLISE JUSQU'A LA CONSTRUCTION DU NOUVEAU TEMPLE (1803 à 1850).

Des jours meilleurs s'étaient levés pour la Religion : chassée de ses temples, persécutée dans son chef et dans ses ministres, elle revient étaler au grand jour l'éclat de ses radieuses solennités, et elle reprend possession du droit de consoler et de fortifier les âmes, dont un instant le délire humain avait voulu la dépouiller.

Après de longues négociations et une entente préalable, MM. Joseph Baude, Simon Dalmas et J.-B^{te} Rodolphe Martin de Surian, propriétaires, agissant au nom de la population, rachetèrent le 29 mars 1803, des mains de Jacques-Laurent Amphoux et de Marie-Élisabeth Bonafoux, son épouse, moyennant la somme de deux mille quatre cents francs, l'église de Sainte-Marguerite, avec le presbytère et le jardin y attenant.

Le contrat de vente fut passé par devant Mr Porte-
Tassi, notaire à Marseille.

On se hâta de mettre la main à l'œuvre. Hélas !
comme autrefois au retour de la captivité, les anciens
pouvaient verser des pleurs. Partout les traces de
la profanation accusaient l'impiété sacrilége.

Les réparations furent menées avec diligence, et
peu après l'édifice sacré se trouvait suffisamment
approprié pour recevoir les fidèles. La bénédiction
réparatrice en fut faite solennellement le 10 avril
par Mre Vial, dont les larmes trahissaient le bonheur,
et qui, après avoir reçu durant plusieurs années
en fugitif, l'hospitalité du dévouement, put enfin
prendre possession du presbytère.

On racheta la statue de la Sainte-Vierge, celle
de Ste-Marguerite et de l'Enfant-Jésus, qui avaient
été seulement aliénées ; on meubla la sacristie des
ornements et des vases sacrés indispensables.

Ces achats et les travaux d'appropriation de
l'église et du presbytère, nécessitèrent une nouvelle
dépense de trois mille neuf cent dix francs, qui
furent fournis par la générosité des paroissiens et
grâce au dévouement actif de six honorables habitants désignés comme marguilliers provisoires ;
savoir : MM. Louis Raut, J.-B^te-Martin Surian,
J.-B^te Pélissier, Jean-Pierre Roustan, Joseph Mouren et Noël Arnoux.

Dans la même année, Mgr de Cicé, archevêque
d'Aix, sous la juridiction duquel avait passé Ste-
Marguerite par suite de la suppression de l'Evêché

de Marseille, érigea notre église en paroisse succursale de Mazargues. L'ordonnance archiépiscopale mentionnée dans nos archives, porte également la nomination de M. Vial en qualité de recteur, et désigne six marguilliers comme administrateurs du temporel, sans distinction de bourgeois et de paysans ; comme cela se pratiquait avant la Révolution.

Ce furent ceux mêmes que l'estime de leurs concitoyens avaient investis de ces honorables fonctions, et que nous venons de nommer.

M. Louis Raut étant décédé peu après, M. Verdillon fut désigné pour le remplacer. En 1806, M. Roustan, que ses infirmités obligèrent à résilier ses fonctions, eut pour successeur M. Jean Camoin, maçon.

Cependant on n'était parvenu à suffire à l'ornementation de la sacristie qu'à l'aide de divers objets empruntés, et dont la restitution, devenue obligatoire, aurait causé un grand embarras, si la Providence n'y avait pourvu. La famille de feu M. Isnard-Carraire fit don à l'église de trois ornements complets, ne demandant en retour que des prières pour le défunt, sans préciser autrement. M. le recteur Vial proposa au conseil des marguilliers de faire célébrer un service funèbre tous les mois, pour le repos de l'âme de M. Isnard, ou aux intentions de la famille bienfaitrice, jusqu'à la fin de l'année, et son avis fut adopté.

En 1811 un nouveau règlement intervint pour

les fabriques, dont l'organisation fut instituée en vertu d'une loi de l'État. Elles durent être composées d'un conseil de cinq membres non compris le Curé, qui en était membre de droit, ainsi que le Maire, dans les paroisses dont la population n'était pas au-dessus de cinq mille âmes. Trois conseillers étaient à la nomination de l'Évêque et deux à celle du Préfet.

Une ordonnance de MM. les Vicaires capitulaires d'Aix, le siége vacant, datée du 1er janvier 1811, nomma MM. Verdillon, Belleville et Joseph Baude. MM. Nicolas Borelli et J.-B^te Aubert furent désignés, le 23 janvier de la même année, par un arrêté de M. Thibaudeau, Préfet des Bouches-du-Rhône.

Une des premières décisions prises par le nouveau conseil avisa au remplacement de la cloche qui servait à convoquer les fidèles aux offices. Cette cloche, outre qu'elle avait été empruntée et qu'on pouvait d'un moment à l'autre en demander la restitution, vu son défaut de sonorité, ne pouvait que très-imparfaitement remplir son but ; afin de faire parvenir des vibrations plus puissantes sur un territoire s'étendant au-delà de deux lieues, on jugea nécessaire de se procurer une cloche d'environ trois quintaux.

Nous voyons M. Salavy père remplacer en 1812 M. Nicolas Borelli au conseil de fabrique.

Le vénérable M. Vial, dont le zèle et le dévouement ne s'étaient point démentis durant le temps difficile de la Révolution, était arrivé à cette limite, d'âge qui paralyse les forces quand la volonté conserve quelquefois toute son énergie; l'impuissance de suffire à un service pour lequel il n'avait point d'auxiliaire, le mit dans la nécessité de se retirer; il quitta donc la paroisse qu'il desservait depuis environ vingt ans, et se fixa, pour y finir ses jours, dans une campagne située entre Ste-Marguerite et la Capelette.

Au mois de décembre 1814, M. Vidal fut nommé recteur de Ste-Marguerite, et il prit possession de son église dans les premiers jours de ce mois.

Les troubles des Cents jours amenèrent quelques désordres qui eurent notre quartier pour théâtre.

Après la bataille de Waterloo livrée le 11 juin 1815, les Égyptiens qui avaient suivi Bonaparte en 1799 et s'étaient fixés à Marseille, se voyant poursuivis par la population de la ville et traqués dans les campagnes, se réfugièrent dans les solitudes boisées de Ste-Marguerite et de Montredon.

Toutefois il n'y eut pas de sang versé dès les premiers jours, mais le 25 juin trois agents de l'ancienne police, Aga dit la Victoire, Arnoux et Puget poursuivis par la haine publique, se réfugièrent du côté de Cassis pour échapper à la fureur populaire. Ce fut vainement : le 27 au point du jour une troupe d'assassins les saisit et après les avoir garrottés, les fit marcher devant elle sur la route de Marseille. Arrivés devant la descente de la Gineste, les malheureux furent dépouillés et massacrés sans miséricorde (1).

A la fin de cette même année MM. Baude et Aubert furent remplacés au conseil de Fabrique par MM. Jules de Voulx et J.-Bte. Rodolphe Martin-Surian. M. Verdillon jugeant que son grand âge ne lui permettait plus de remplir ses fonctions de fabricien, donna sa démission et fut remplacé par M. Treillet. Toutefois le conseil, juste appréciateur des services rendus à la Religion par ce digne vieillard, soit du temps de la Révolution soit à l'époque de l'ouverture de l'église, lui conserva le titre de Président honoraire, avec prière de vouloir bien s'adjoindre aux membres en exercice dans toutes les assemblées extraordinaires.

M. Treillet ayant donné sa démission d'administrateur fut remplacé par M. Radier le 1er août 1819.

A cette époque M. le recteur Vidal cesse de remplir ses fonctions à Ste-Marguerite et passe en la même qualité à la paroisse du Roves. En attendant son remplacement, un prêtre du nom d'Ingignac est désigné pour venir dire la Messe le Dimanche, dans notre église et Mre Chaylan, Recteur du Rouet, pour remplir simultanément et par intérim, les mêmes fonctions à Ste-Marguerite. Il y administra les sacrements jusqu'à la fin d'octobre.

Durant cet intervalle des réparations notables

(1) *Marseille depuis 1789 à 1875.* T. II. 561.

furent faites au clocher ; à la toiture de l'église et
du presbytère, ainsi qu'aux murailles de l'église
et du jardin.

Mre Pierre Bernard Mourre, précédemment Recteur de la paroisse du Rove, nommé Recteur de
Ste-Marguerite le 15 octobre, fut installé en cette
qualité le Dimanche 7 novembre 1819.

Mr Mourre était veuf lorsqu'il entra dans les
ordres, et il avait une fille qui demeura avec lui
avant d'entrer en communauté. Suivant l'usage des
anciens prêtres, usage qui n'était contraire à aucun
règlement de l'époque, M. Mourre ne revêtait que
rarement l'habit ecclésiastique en dehors des fonctions de son ministère. Les bons souvenirs et les
œuvres restés après lui, attestent qu'il n'en fut pas
moins un très-digne prêtre. Peu favorisé du côté
de l'éloquence, il suppléait à la difficulté qu'il
éprouvait de prendre la parole, en appelant dans
sa chaire de bons prédicateurs, dont le solide
enseignement complétait les instructions familières
du pasteur.

L'église ne possédait point encore le privilége
d'un Chemin de la Croix ; il fut érigé canonique-
ment le 12 mars 1820, par Mre Guillaume-Martin,
chanoine honoraire de la Métropole d'Aix, ancien
supérieur des Religieux Récollets, et muni de
pouvoirs à cet effet. L'acte en fut dressé et signé
pour demeurer dans les archives.

M. Samat, qui avait remplacé M. de Voulx en
qualité de fabricien, le 28 novembre 1819, eut lui-

même pour successeur le 30 avril 1820, M. Auguste Fabre de Luminy. Ce dernier s'étant presque aussitôt démis de son titre, fut remplacé au conseil par M. Auguste Payen, le 6 octobre de la même année.

Une mission générale pour toutes les paroisses du diocèse fut prêchée en 1821. Les exercices religieux eurent lieu à Ste-Marguerite sous la direction de M. Jonquier, missionnaire apostolique, avec le concours de MM. Carbonnel et Chrestian, prêtres séculiers.

Le zèle et l'éloquence des missionnaires produisirent les plus heureux fruits de salut. Les exercices commencés au mois d'avril, se terminèrent triomphalement le 13 mai par l'érection d'une Croix commémorative. Cette cérémonie s'accomplit en présence de plusieurs milliers d'assistants, parmi lesquels des personnages considérables, entre autres M. le baron de Damas, Général Commandant la division militaire.

La Croix fut placée sur la façade extérieure de l'église à gauche ; on a pu l'y voir jusqu'en 1867.

Le jour même de la clôture de la Mission on rétablit, sous le titre de N.-D.-de-Pureté, la congrégation fondée à l'époque de la mission de 1696 et que la difficulté des temps qu'on avait traversés avait démembrée.

Au nombre des bienfaiteurs insignes de l'église figurent en cette année, les noms de M. le baron de Damas, de Mme de Rémusat et de Mme de la Villette.

Le 21 octobre 1822, M. Vigne, Vicaire Général, vint, au nom de Mgr l'Archevêque, faire la visite pastorale de l'église. L'acte qui en perpétue le souvenir est signé « Vigne, Vicaire Général en cours de Visite. »

M. d'Anthoine, propriétaire à Ste-Marguerite, ayant fait don à l'église d'un ciboire en argent, Mgr l'Archevêque, sur la demande de M. Mourre, et en reconnaissance de cette libéralité, autorisa a perpétuité la célébration de la Messe dans la chapelle de sa campagne, l'un des jours des Rogations.

Un démêlé s'éleva en 1824 entre M. Martin-Surian, Fabricien, et le conseil de Fabrique. M. Martin, dont la propriété était adjacente à l'église, voulut exhausser un bâtiment en appuyant les poutres sur le mur méridional de cet édifice. Le conseil de Fabrique trouva un ardent défenseur de ses droits violés, dans la personne de M. Mourre. Une délibération fut prise pour former opposition à cet empiétement illégal et l'affaire fut déférée devant l'autorité, tant ecclésiastique que municipale. Les réclamations des plaignants furent approuvées et M. Martin débouté proposa, en compensation, de céder au couchant un espace de terrain propre à l'agrandissement de l'église. Le conseil de Fabrique ayant trouvé cette cession insuffisante, la proposition ne fut pas acceptée et M. Martin donna sa démission de fabricien et de marguillier trésorier. Toutefois aucun jugement officiel n'étant intervenu, la construction nouvelle demeura et elle subsiste encore.   8

M. Duclos propriétaire, fut nommé pour remplacer M. Martin.

L'ameublement des églises de campagne ne comportait pas encore nécessairement, à cette époque, cet instrument harmonieux qui relève si bien la pompe des solennités religieuses, accompagne et soutient les chants liturgiques et prête quelque chose de la pureté de ses sons à la prière publique ; nous avons nommé l'orgue.

M. Duclos était propriétaire d'un orgue à cylindre, le conseil de Fabrique accepta volontiers l'offre qu'il lui fit d'en faire usage dans l'église ; l'instrument y fut transporté, et il ne fut pas sans utilité pour suppléer au petit nombre des chantres dont il soutenait les voix, avec une mesure et une précision qu'il est permis sans témérité de croire quelquefois imparfaites. M. Duclos qui n'avait cédé à personne l'usage de son instrument n'en fit pas longtemps jouir les fidèles car ayant donné sa démission, son orgue le suivit dans sa retraite.

La population de Ste-Marguerite, selon la Statistique du Département, s'élevait alors, (1825) seulement au chiffre de 977 âmes.

Les guerres de la République et de l'Empire qui avaient dépeuplé la France, avaient diminué d'un quinzième notre population, dans l'espace d'un quart de siècle.

Nous avons vu au siècle dernier qu'une fondation d'une messe à célébrer tous les dimanches, avait été faite par le sieur Claude Reynaud et que la dotation en sa faveur avait réservé une pension annuelle et perpétuelle de 150 liv. La dame Catherine Ribiers, sœur et héritière du fondateur, ayant vendu deux maisons sur lesquelles était hypothéquée ladite pension, plaça sur l'Hôpital Général de la Charité, par acte du 18 juillet 1752 N^{re} Hazard, le produit de cette vente s'élevant à la somme de 13,750 fr. moyennant laquelle, les recteurs de cet établissement constituèrent : 1° une pension viagère de 800 fr. au principal de 10,000 fr. en faveur de la Dame Reynaud et de son mari, le sieur Ribiers ; 2° une pension perpétuelle de 150 fr. au capital 3,750 fr., payable le 1er mai de chaque année aux RR. PP. Recollets, chargés d'acquitter la fondation faite par le sieur Reynaud.

Une Ordonnance de Mgr l'évêque de Marseille, en date du 15 janvier 1774, déchargea les religieux Récollets de cette obligation et en investit le desservant de Ste-Marguerite.

Sur le vu de cette Ordonnance MM. les recteurs de l'Hopital de la Charité délibèrent, le 28 février 1774, de payer au desservant désigné, la pension de 150 liv ; ce qui fut ponctuellement exécuté jusqu'en 1793. A cette époque et en vertu de la loi du 13 Brumaire an II, cette pension fut réunie au Domaine national. Survint un décret du Gouvernement du 7 Thermidor an XI réglant que les biens des Fabriques et les rentes dont elles avaient été dotées seraient rendues à leur destination ; en vertu de cette loi, le conseil de Fabrique de 1825 ayant reconnu l'authenticité de son titre, délibère de présenter une revendication de ses droits à MM. les membres de la Commission administrative des Hospices de Marseille.

Par suite d'une délibération de ladite Commission, en date du 5 septembre 1825, approuvée, le 6 octobre suivant, par M. le Préfet, la Fabrique de Ste-Marguerite fut réintégrée dans ses droits.

Pour compléter ce qui concerne cette intéressante fondation, disons que, suivant acte reçu par Mᶜ Caseneuve, le 3 avril 1834, la même commission passa et consentit un titre nouveau à la Fabrique, en vertu duquel elle s'engagea à lui servir la rente dont l'échéance, vu la loi du 29 Pluviose an V (17 février 1797), a lieu le 22 septembre de chaque année. Enfin le 16 mars 1864, ce titre fut renouvelé et le même engagement fut pris par les administrateurs des Hospices, suivant acte passé par devant Mᶜ Tournaire et approuvé par M. de Maupas, Préfet du département.

Cependant l'antique siège épiscopal de Marseille venait de se relever, et un pontife dans lequel semblèrent revivre de tout leur éclat la piété et la sagesse de tant d'illustres évêques, renouait glorieusement la chaîne, interrompue depuis la Révolution, des successeurs de saint Lazare.

Mgr Charles - Fortuné de Mazenod mit à faire refleurir l'antique gloire de l'Église de Marseille, un zèle qui l'a rendu le digne émule de Du Belloy et de Belzunce, ses prédécesseurs immédiats.

A peine venait-il de prendre possession de son siége, il n'eut rien de plus empressé, pour se rendre compte des divers besoins de son diocèse, que d'en faire la visite pastorale. Il vint à Ste-Marguerite le 6 novembre 1825 ; ce fut l'occasion d'une fête d'autant plus belle que personne ne se souvenait d'y avoir vu un évêque.

Après avoir célébré la Ste-Messe, Mgr administra le sacrement de Confirmation à une trentaine de personnes. Dans l'après-midi eut lieu la bénédiction d'une nouvelle cloche en présence d'une assistance des plus honorables où l'on remarquait M. Félix d'Anthoine et Mme d'Anthoine, parrain et marraine de la cloche.

La charité toujours généreuse des propriétaires fut encore le secours providentiel à l'aide duquel se fit le solde de la cloche, l'achat d'un ostensoir en argent, celui d'une crédence pour les ornements de la sacristie et diverses améliorations notables dans l'intérieur de l'église.

La liste de souscription qui en conserve le souvenir, outre MM. les fabriciens déjà mentionnés, porte les noms de Mme veuve Pascal, Mme veuve des Autels, Mme veuve Salavy, Mme veuve Nallet ; de MM. Castinel, Gauthier, Bléchan, Martin-Sauvaire et Millet.

Le 10 avril 1826, les registres mentionnent le remplacement de M. Payen, fabricien, par M. Pierre Van-Maseyk, propriétaire.

Un des points qui fixa particulièrement la sollicitude du vigilant et zélé recteur, fut l'instruction des enfants ; les petites filles jusque là n'en pouvaient avoir d'autre que celle qu'elles recévaient au catéchisme ; il fallait trouver des institutrices.

La congrégation du St-Nom de Jésus venait d'être instituée par MM. Nay et Plumier, prêtres de vénérée mémoire, spécialement pour l'instruction des filles de la campagne. M. Mourre obtint deux religieuses de cette congrégation et elles vinrent s'établir comme institutrices à Ste-Marguerite le 2 novembre 1826.

Une bulle du pape Léon XII publia l'indulgence du Jubilé pour l'année sainte. Les exercices s'ouvrirent dans notre église au commencement du mois de mai 1827 ; ils furent dirigés par M. Carle, Curé de la paroisse de St-Ferréol à Marseille, avec le concours du R. P. Eugène, religieux Capucin.

Les instructions produisirent un résultat bien consolant, puisque presque la totalité des paroissiens profitèrent de cette grâce. Une croix commémorative fut érigée le 4 juin, seconde fête de Pentecôte, sur la petite plaine située devant le portail septentrional de M. d'Anthoine, aujourd'hui propriété de M. Michel Goudard.

Mgr Fortuné de Mazenod fit une seconde visite à Ste-Marguerite le 12 octobre 1828, et y bénit encore une cloche destinée à remplacer la première qui s'était brisée. M. Payen assistait à cette cérémonie en qualité de parrain et Mme Casimir de Greling comme marraine.

M. Belleville, qui exerçait les fonctions de Fabricien depuis 1811, étant décédé, fut remplacé par M. Honoré Payen.

L'établissement définitif de l'école provisoirement installée pour les petites filles, fut le dernier bienfait de l'administration intelligente de M. Mourre, que la Révolution de 1830 vint douloureusement surprendre.

Toutefois. l'effervescence de la ville, aux trois journées de juillet, n'amena aucun désordre dans le quartier de Ste-Marguerite ; tout se borna à l'exhibition d'un drapeau tricolore, qu'on força le curé d'arborer au clocher de l'église.

L'année suivante au mois de juillet, M. Mourre était nommé recteur de St-Barthélemy, où il mourut en 1834. Pendant la durée de douze années, il n'avait cessé d'édifier sa paroisse par ses vertus, et si son âge avait ralenti son action, sa sagesse et la prudente fermeté de son caractère, ne se démentirent jamais, au milieu des divers actes de sa judicieuse administration. Il eut pour successeur M. Prou.

Prêtre jeune, (il avait vingt-huit ans), plein de talents et d'activité M. l'abbé Prou trouva un champ préparé pour son zèle ; aucune réforme notable à opérer, aucun abus à corriger, des associations religieuses à établir, une instruction solide à populariser, telle devait être sa mission ; elle ne pouvait mieux convenir à ses aptitudes.

Les soins du nouveau pasteur se portèrent tout d'abord du côté des jeunes gens et des hommes.

Les doctrines subversives qui, depuis, se sont généralement répandues semant cet esprit d'indifférence qui devait aboutir au mépris des devoirs religieux, n'avaient point encore envahi les campagnes. Le plus grand nombre parmi les hommes étaient encore des chrétiens fidèles et ils savaient en donner la preuve dans l'accomplissement du devoir Pascal.

Par sa douceur, son expansion communicative et l'aménité de ses relations, M. Prou sut se gagner promptement le cœur des jeunes gens.

Il fonda en 1832, peu de temps après son arrivée dans la paroisse, une association religieuse d'hommes, sous le patronage de saint Louis de Gonzague, laquelle ne tarda pas à devenir florissante.

C'était un beau spectacle de voir chaque troisième dimanche du mois, à la Grand' Messe, des hommes toujours au nombre de soixante environ, escortant le Saint Sacrement, un flambeau à la main. Une réunion spéciale avait lieu dans une petite chapelle attenant à l'église, le dimanche après Vèpres ; le directeur y exhortait à la vertu cette jeunesse ardente, et ses instructions agréablement variées lui apprenaient les devoirs de la vie chrétienne.

Pour les encourager et les détourner de la fréquentation des lieux dangereux pour leur inocence, M. Prou se plaisait à procurer des distractions honnêtes aux jeunes gens qu'il avait réunis et à se mêler à leurs récréations.

Ce n'a pas été sans profit ; quelques-uns de ces jeunes hommes sont morts depuis, environnés de l'estime sympathique de leurs concitoyens, d'autres, devenus pères de famille, vivent encore de nos jours et ils laisseront à leurs enfants, un digne héritage de bons et persévérants exemples.

Cette association pieuse qui se conserva avec sa ferveur primitive, tout le temps que son zélé fondateur fut à sa tête, fit place dans la suite à une honnête société constituée légalement sous le titre de Saint Louis de Gonzague, mais ce fut en perdant son caractère primitif et en consentant à l'abandon du règlement dont la fidèle pratique avait longtemps fait la gloire de l'ancienne congrégation.

En 1832, M. Paul Pascal remplaça comme Fabricien, M. Radier qui avait été réélu dans ces fonctions depuis 1819. L'année suivante M. Espanet succéda au même titre à M. Van Maseyk et M. Tancrède Pastoret prit au banc d'œuvre la place que M. Mottet y avait occupée depuis 1823.

A diverses reprises, nous l'avons vu dans le courant de notre récit, des réparations avaient été faites au clocher de l'église, mais ces différents travaux avaient peu contribué à l'embellir ni à le solidifier.

C'était un simple exhaussement du mur occidental, en forme d'arceau, au milieu duquel était suspendue la cloche. La nécessité de faire parvenir le son à une distance plus considérable, décida le Conseil de Fabrique à faire construire une tour

carrée qui dominerait davantage l'église et devrait
porter au loin les invitations aux saints offices.
MM. Jauffret, frères, architectes, furent chargés
de cette construction qui s'éleva à la somme de 3.300
francs, et fut achevée en 1835.

M. Paul Pascal étant décédé en 1837 fut remplacé la même année au Conseil de Fabrique par
M. Goudard devenu propriétaire de la campagne
de M. d'Anthoine.

A l'époque de l'ouverture de l'église, l'obligation
urgente de se procurer les ornements et les meu-
bles indispensables au culte, avait fait accepter
des objets dont la décence laissait quelquefois à
désirer. A mesure que la Fabrique dispose de
quelques ressources, nous la voyons aussitôt échan-
ger pour de plus convenables, ces ornements peu
dignes du service divin.

En 1839 ce fut un ostensoir et un calice en argent doré qui furent acquis de la maison Henri
Rey, par le Conseil de Fabrique au prix de 1,358
francs.

Ces vases sacrés, qui servent depuis 37 ans, sont
les seuls que possède encore notre église à l'heure
où nous traçons ces lignes.

L'honorable M. Prou après avoir imprimé un
religieux élan à toutes les catégories de ses paroissiens et consacré les meilleures années de sa vie
pour former son troupeau au devoir, l'enseignant
lui-même de sa doctrine sûre et lui en donnant
l'exemple fidèle, fut victime d'une noire et basse

calomnie qui fut plus tard démasquée et ouvertement rétractée.

Il quitta Ste-Marguerite au mois de juillet 1840.

Après avoir occupé depuis, divers postes importants, M. l'abbé Prou est mort aumônier du couvent du Saint-Sacrement au Rouet, le 1er septembre 1874, à l'âge de soixante-dix ans.

CHAPITRE VIII

CONSTRUCTION D'UNE NOUVELLE ÉGLISE. — SON
AMEUBLEMENT. — SUITE DES ANNALES PAROIS-
SIALES. — (1840 à 1876).

Nous arrivons à l'époque la plus brillante de
notre histoire locale, celle qui a vu la construction
de l'église monumentale, qui fait la gloire de
Ste-Marguerite, et la transformation de notre sol
par les eaux vivifiantes du Canal de la Durance.

M. Dalmas, précédemment vicaire de la paroisse
de St-Laurent, à Marseille, ayant été désigné par
Mgr l'Évêque pour succéder à M. Prou, vint
prendre possession de son poste, au mois de juillet
1846.

Dès les premiers jours une grande pensée occupa
l'esprit du nouveau Recteur. Frappé de l'insuffisance de l'église paroissiale, pour contenir les

fidèles, principalement pendant la saison de l'été où l'on se trouvait, il conçut le dessein considérable d'en élever une autre plus vaste et plus digne de la population; or ce projet il devait le réaliser.

Le nom de M. Dalmas demeurera dans nos archives et les générations de Ste-Marguerite associeront avec gratitude son souvenir au monument qu'il a eu la gloire de faire édifier.

En attendant, afin de rendre le lieu saint plus décent, il recourut à l'habile pinceau de M. Bertrand pour décorer à la fresque le chœur de l'église.

Non moins désireux de procurer à ses ouailles les bienfaits spirituels, M. Dalmas écrivit à la Cour de Rome dans le but d'obtenir la faveur de diverses indulgences, dont Mgr l'Évêque ratifia gracieusement la concession.

Les Font-Baptismaux qui se trouvaient à gauche, en entrant dans l'église, furent isolés conformément aux saints canons, et une grille en fer en dessina l'enceinte.

M. Jérôme Borelli, propriétaire, succédé en 1846 à M. Honoré Payen, Fabricien, qui avait obtenu le renouvellement de ses fonctions depuis 1829.

Le Conseil de Fabrique était donc composé en 1850 de MM. Casimir de Greling, Espanet, Tancrède Pastoret, Goudard et Jérome Borelli. Les lumières et les aptitudes remarquables de ces honorables administrateurs, servirent admirablement les projets de M. Dalmas. Il est juste de donner à leur mémoire la part de reconnaissance qui leur est due pour avoir su diriger et mener à bonne fin les importants travaux qui allaient s'accomplir.

Le plan de la nouvelle église fut dressé par M. Bodin, architecte distingué et propriétaire dans le quartier, adopté par le Conseil de Fabrique et autorisé par Mgr. de Mazenod Évêque de Marseille, dont l'impulsion bienveillante ne faisait défaut à aucune noble entreprise.

Les travaux furent immédiatement commencés et Sa Grandeur vint bénir la première pierre de l'édifice sacré, au-dessus des fondations, le 3 Février 1850.

C'était le moment d'informer M. le Maire de Marseille, de ce qui venait de se produire comme spontanément, au milieu de la population de Ste Marguerite. Le Conseil de Fabrique se réunit donc le 8 septembre 1850 et, à la suite de cette séance, un rapport fut rédigé, pour être adressé à la municipalité; il était conçu en ces termes:

« L'absolue nécessité d'avoir une église en rapport avec le quartier, qui prend chaque jour de grands développements, est reconnue depuis longues années et se trouve démontrée par le chiffre du dernier recensement, constatant une population de 1,200 âmes, non compris les propriétaires. »

« En 1837, sur les plaintes du Conseil de Fabrique, représentant que l'église ne pouvait contenir le nombre des fidèles qui venaient y accomplir leurs devoirs religieux , le Conseil municipal alloua la somme annuelle de deux cents francs pour une troisième Messe. En 1845, ce moyen de suppléer à l'exiguité de notre église était devenu insuffisant; le Conseil de Fabrique fit alors connaître à M. le Maire l'indispensable besoin de l'agrandir. L'administration municipale envoya un architecte sur les lieux; celui-ci constata que l'église n'était pas susceptible d'agrandissement. attendu qu'on ne pouvait l'élargir ni du côté du Midi, où elle était bornée par la propriéte de feu M. Martin, lequel n'a jamais voulu céder qu'une lisière insignifiante, de terrain ; et encore, à l'heure présente cette concession est elle contestée par le tuteur prorogé des héritiers mineurs; ni du côté du Nord, à cause du chemin de communication. D'ailleurs, lors même qu'on serait parvenu à surmonter toutes ces difficultés, l'église qui n'a que huit mètres de hauteur, ne pourrait être élargie sans être exhaussée, ce qui reviendrait à une complète construction, aussi coûteuse que l'édification d'une nouvelle église, ainsi que l'a démontré M. Barral, architecte de la ville. duquel nous possédons les plans qu'il eut la bonté de dresser pour être soumis à Mgr. l'Evêque. Le Conseil de Fabrique fut arrêté par l'importance de la dépense et la crainte de ne pouvoir surmonter de si grandes difficultés. »

« Cependant. prenant en considération le vœu

des habitants et convaincu qu'une partie de la population était privée, le Dimanche, d'entendre la Messe, le Conseil n'a pas cru pouvoir hésiter davantage et il s'est occupé sérieusement des moyens d'aviser. » .

« A cet effet un terrain convenable a été acheté: ce terrain est situé sur la grande route en face de l'ancienne église; sa superficie suffira a renfermer l'église, le presbytère, un jardin et un boulevard formant une avenue de 60 mètres de longueur sur 18 mètres de largeur. »

« Une église a été bâtie sous la direction de M. Bodin, architecte, elle est actuellement couverte et mesure 39 mètres 50 eentimètres de longueur sur 18 mètres de largeur. Sa hauteur est de 16 mètres.

Elle peut contenir de 1000 à 1100 chaises et suffit ainsi aux besoins religieux de la localité; la dépense totale, y compris l'achat du terrain, est de 66,000 fr. »

« Par la voie de souscription et les sacrifices que chacun s'est imposé, la Fabrique a payé 36,000 fr.; il reste un déficit de 30,000 fr. Le Conseil vient demander cette somme à la Commune; en retour de cette allocation payée par des annuités de sept à huit mille fr. il s'engage à faire bâtir le presbytère et à le céder à la ville ainsi que l'église et les terrains y adjacents, le tout franc et libre d'hypothèques. »

« L'Administration Municipale voudra bien considérer que l'abandon de l'ancienne église et du presbytère qui menace ruine, permettra de donner le jardin actuel au cimetière qu'il est urgent d'agrandir, et par ce moyen, la ville aura doté le quartier de Ste-Marguerite d'un édifice religieux monumental et d'un cimetière qui lui est indispensable.

En attendant l'issue de cette négociation, M. Dalmas allant au plus pressé, se mit en mesure de disposer le nouveau temple afin de pouvoir y célébrer les saints offices.

Le 13 avril 1851 Mgr de Mazenod assisté de M. l'abbé Jeancard, son vicaire général, depuis évêque et auxiliaire du même prélat, vint à Ste-Marguerite pour bénir le monument. Sa Grandeur reçue au-devant de la nouvelle place par un nombreux clergé et MM. les administrateurs de la Fabrique, escortée d'un excellent corps de musique qui exécutait de brillantes fanfares, se rendit processionnellement à l'église, où se trouvait réunie la population entière, grossie d'une partie de celle des quartiers ruraux d'alentour.

Monseigneur, vivement impressionné à la vue de cette assistance nombreuse, ne put s'empêcher dans des paroles éloquentes qui trahissaient l'émotion de son cœur, de rendre grâce à Dieu pour cet édifice digne de son culte, et de distribuer à chacun le juste tribut d'éloges qu'il méritait pour le concours apporté dans une si féconde entente ; enfin après avoir félicité toute la population qui

9

venait d'être dotée d'une église qu'il se plut à
nommer la cathédrale de la banlieue, Mgr procéda
à sa bénédiction solennelle. Puis Mgr l'archevêque
de Québec, qui avait honoré la solennité de sa
présence, termina la cérémonie par la bénédiction
du Très-Saint-Sacrement.

Cependant le Conseil Municipal n'avait pas agréé
la proposition du Conseil de Fabrique, sans en
modifier sensiblement les conditions ; elles ne furent
pas jugées acceptables par ce dernier et une nouvelle requête fut adressée à la Municipalité. Plus
de six mois s'étaient écoulés et aucune réponse
n'ayant été faite, M. Dalmas adressa la lettre suivante à M. de Chanterac, Maire de Marseille, vers
le milieu de l'année 1852.

« Monsieur le Maire, Au mois de février de la
présente année, j'ai eu l'honneur de vous sou-
mettre la délibération du Conseil de Fabrique,
par laquelle on vous donnait connaissance de
l'impossibilité de céder à la ville la nouvelle église
de Ste-Marguerite, aux conditions onéreuses qui
nous furent imposées par le Conseil Municipal
en 1851 (1), et par laquelle on demandait de nouveau la somme de 30,000 fr. Cette communication
est restée sans réponse. J'ai l'honneur de vous
exposer aujourd'hui la situation fâcheuse où je me
trouve, et qui a été constatée par le rapport des

(1) Le Conseil allouait 15,000 fr. et laissait à la Fabrique
la charge de construire le presbytère.

honorables conseillers municipaux que vous avez eu l'obligeance d'envoyer sur les lieux pour examiner l'état des choses. Le presbytère menace ruines, les réparations qu'il exige seraient plus coûteuses à la ville, que la construction d'une nouvelle maison presbytérale ; d'ailleurs il est urgent d'agrandir le cimetière, et l'abandon du presbytère actuel permettrait d'en doubler la superficie sans occasionner à la ville de fortes dépenses.

« Pour arriver à un résultat, je propose à la ville de céder la nouvelle église moyennant la somme de 15,000 fr. votée par le Conseil, à la condition que la construction du presbytère sera à la charge de la Commune. »

Cette fois la municipalité ne pouvait différer une acceptation donnant droit de propriété sur un immeuble ayant coûté à ce jour la somme de 66,000 francs environ, et ce, moyennant une allocation de 15,000 fr. payables en trois annuités de 5,000 fr. chacunes et un supplément de 8,000 fr. en deux annuités, pour le presbytère.

Le Conseil de Fabrique ne jugeant point opportun de recourir de nouveau à la générosité privée, déjà mise largement à contribution, et dans l'impuissance de faire face à des obligations contractées, ne put se soustraire à cette nécessité ; il fit donc la cession des immeubles désignés aux conditions sus-indiquées.

M. Dalmas avait achevé son œuvre. Mgr l'Évêque voulut l'en récompenser et lui donner une preuve de sa confiance. Au mois de juillet 1853, il fut nommé Recteur de la paroisse St-Laurent à Marseille. Quelques années plus tard, Mgr Cruice le faisait chanoine titulaire de la Cathédrale, et c'est dans ce poste d'honneur qu'il a fini ses jours, le 14 juillet 1868, étant âgé de soixante-cinq ans.

Le 8 juillet 1853, le Conseil de Fabrique se réunit pour régler la liquidation relative à la construction de l'église, du presbytère, etc., et recevoir la déposition des comptes de M. le Recteur.

Il résulte de la délibération que nous avons sous les yeux, que tous les travaux, y compris l'achat du terrain, s'élevaient au chiffre de 65,439 fr.

M. Dalmas y montre, les pièces à l'appui, que les recettes opérées par voie de souscription, de dons, etc., réunies aux recettes ordinaires du culte mises en reserve depuis quatre ans, et aux allocations municipales qui seront complétées en leur temps, en y joignant encore diverses valeurs en voie de recouvrement, devront atteindre une somme excédant les dépenses, d'environ 9,000 fr. Il déclare « qu'en cas de décès cet excédant de recettes ne sera point considéré comme sa propriété personnelle, mais qu'ayant été donné pour l'église, il doit servir à son achèvement intérieur et à son ornementation ainsi qu'à la construction d'un clocher qui demeure seulement projeté. » (1)

____

(1) Registre des délibérations.

MM. les Fabriciens dans cette même délibération votent des remerciements au digne Recteur qu'ils ont le regret de perdre, pour le zèlc, la bonne direction et le désintéressement dont il a fait preuve.

Le dimanche 17 juillet, M. Taurel, précédemment Recteur des Caillols, était installé à Ste-Marguerite à la place de M. Dalmas.

La nouvelle église avec ses proportions grandioses n'était point encore achevée dans les détails ; l'antique mobilier qu'on y avait transporté y faisait un disparate absolument inconvenant ; il fallait ajouter le complément de l'œuvre en meublant et faisant décorer l'intérieur du nouveau temple.

Cette mission fut entreprise avec succès par M. l'abbé Taurel ; il trouva un habile et savant décorateur en M. Tartas, à qui l'on doit toutes les peintures murales qui ornent notre église. Les sculptures remarquables qui relèvent les chapiteaux des colonnes sont dues au ciseau de M. Delécole, de Paris ; on admire principalement, comme portant l'empreinte artistique, celles qui surmontent les colonnes du transept et qui rappellent divers traits de la vie et du martyre de Ste-Marguerite.

M. Jules de Voulx, qui avait déjà été administrateur de la Fabrique de 1815 à 1819, consentit à reprendre ses fonctions à la place qu'avait laissée vacante le regretté M. J. Borelli. Il fut élu à la session de juillet 1853.

L'année suivante le boulevard qui sert d'avenue à l'église, et la place qui l'entoure furent nivelés et plantés. Cette amélioration qui coûta une somme d'environ 1.200 fr. demeura à la charge de la Fabrique ; disons aussitôt que la dépense fut entièrement couverte par la générosité inépuisable de MM. les propriétaires du quartier.

En même temps le clocher qui domine l'église de sa flèche hardie, et qu'on aperçoit des points les plus éloignés de notre territoire fut achevé. et une cloche au timbre puissant et sonore y fut suspendue.

Le 15 octobre 1855 demeurera comme un jour mémorable dans l'histoire de notre église ; Mgr l'Évêque qui l'avait bénite quatre ans auparavant vint lui imposer le caractère de la consécration.

Le temple fut dédié sous le titulaire de la Bienheureuse Vierge Marie Immaculée, avec Ste-Marguerite, vierge martyre, pour Patronne. Ainsi en fait foi, l'acte signé par M. de Mazenod, qui fut inséré et scellé dans le tombeau de l'autel consacré.

La plaque commémorative, érigée à cette occasion au-dessus de la porte principale, à l'intérieur de l'église porte l'inscription suivante :

D. O. M.

Hanc Ecclesiam in Honorem

S. Margaritæ V. et M.

Sumptibus Incolarum Curaq. D. Dalmas Parochi

Anno MDCCCLI Ædificatam

Postea Q. D. Taurel paroch. absolut. et exornatam.

Ill. et RR. DD. Carol. Jos. Eug. de Mazenod Epis. Massilien

Solemniter consecravit die septima octobris MDCCCLV

Adfuere Pii Viri : C. de Greling. A. Goudard. T. Pastoret

Jos. de Voulx A. Espanet Administ. Fabricæ.

Le chiffre de la population s'accroît rapidement durant ces dernières années, au point que Mgr l'Évêque juge nécessaire d'adjoindre un auxiliaire au Recteur de la paroisse.

Au mois d'août 1855, M. l'abbé Louche est nommé vicaire de Ste-Marguerite ; il est remplacé l'année suivante par M. Escoffier.

M. de Greling, président du Conseil de Fabrique, et administrateur depuis 1825, étant décédé en 1856, M. A. Morel, propriétaire, fut nommé son successeur, et M. A. Salvator, propriétaire, remplaça ce dernier en 1859, en même temps que M. Rocca succédait à M. Espanet.

Le territoire soumis à la juridiction paroissiale de Ste-Marguerite dut subir, en 1859, un démembrement considérable. Pour créer la nouvelle paroisse de Ste-Anne on recula ses limites au couchant : toutes les campagnes dont l'accès était sur le chemin de Ste-Marguerite à Mazargues, à droite, furent distraites de notre territoire et annexées à la juridiction de Ste-Anne ; au midi notre limite fut reculée depuis la traverse qui part du chemin de Mazargues devant la campagne Massot jusqu'à la traverse de la Grand' Bastide.

M. l'abbé M. Camoin, nommé vicaire de Ste-Marguerite en 1859, cède sa place l'année suivante à M. l'abbé Aycardy, lequel est remplacé en 1863 par M. l'abbé Solary.

C'est à M. Tartas que l'on doit le plan de la chaire monumentale qui orne notre église. Elle a été exécutée par un habile ouvrier de Ste-Marguerite, M, Girondy, en 1861. Le banc d'œuvre qui fut installé dans la grande nef, en 1863, est due aux mêmes artistes.

Le 21 mai 1863 Mgr Cruice vient faire sa première visite pastorale à Ste-Marguerite et y administre le Sacrement de confirmation à dix-sept enfants.

M. Raymond Borelli prend, en 1864, la place que le décès de M. Goudard avait laissée vacante au Conseil de Fabrique et dans le même temps Mgr l'Évêque désigne M. l'abbé Plane comme vicaire, en remplacement de M. l'abbé Solary.

Les grandes orgues qui ont été placées à la tribune de l'église en 1866, sortent des ateliers de M. Méritan, facteur à Marseille. Les sculptures de la tribune, qui fut agrandie à cette occasion, sont de M. Borry.

Un événement malheureux marqua la pose de l'orgue. Une des charettes qui avaient fait le transfert du matériel jusque sur la place de l'église ayant été traînée violemment, le voiturier, dans un effort qu'il fit pour contenir ses chevaux, tomba si déplorablement sous une des roues qu'il ne survecut que quelques heures à cette fatale chute.

Nous devons ici une mention spéciale aux ouvriers généreux dont le talent avait été mis à contribution pour l'ameublement de la nouvelle église.

M. Girondy voulut faire don du confessional

en bois de chêne sculpté, en style roman que l'on voit dans la nef de côté, en même temps M. Mourard offrait la superbe grille en fer forgé par lui, qui ferme les Fonts-Baptismaux, et M. Hodoul fournissait, avec la main d'œuvre, les marbres qui dallent la chapelle dédiée à la Ste-Vierge.

Vers cette époque notre église s'enrichit des divers tableaux qui ornent les murs des nefs latérales. Ces toiles, provenant la plupart de l'église des Grands Carmes à Marseille, n'offrent pas un intérêt très-marqué au point de vue de l'art ; il convient cependant de faire une réserve pour deux d'entre elles : la décollation de St-Jean Baptiste, avec ses effets de clair obscur parfaitement ménagés, laissant apparaître dans l'ombre du cachot un cadavre dépouillé, tandis que sur le seuil, par un contraste saisissant, la fille d'Hérodiade pompeusement parée reçoit des mains du bourreau la tête livide de précurseur, est une scène vigoureusement tracée et dont l'exécution n'est pas sans mérite.

La mort de saint Joseph, placée derrière la chaire, est une composition inspirée par une piété touchante et que relève fort bien l'expression de la forme : le Saint se trouve gisant sur sa couche ; d'un côté le Sauveur, avec une ineffable expression de douleur et de tendresse, lève la main pour bénir le grand patriarche ; de l'autre côté Marie sa chaste épouse dont le visage reflète l'angoisse, soutient la tige de lys que la main défaillante du mourant va laisser échapper,

enfin un ange, dans l'attitude de l'attente et prêt
à recevoir l'âme qui va quitter la terre pour la
mener au Ciel, se tient dans un coin du tableau
et complète cet intérieur plein d'un suave parfum
de pieuse tendresse.

La toile représentant Ste-Marguerite au moment
où elle triomphe du démon, qui avait emprunté
dans sa prison la forme d'un dragon, et qui est
placée dans la nef de droite est un don du gouvernement de l'Empereur Napoléon III ; elle a été
offerte à notre église en 1867. On pourrait désirer
à la Sainte une physionomie plus idéale, et dans
la composition une empreinte plus religieuse. Toutefois la facture est préférable à celle d'une autre
toile figurant le même sujet et apposée dans la
même nef. Entre les deux, est un grand tableau
de la Nativité de la Sainte Vierge, concédé gracieusement à notre église par le Gouvernement,
en 1853.

Les deux figures que l'on remarque sur le développement latéral de l'abside de la nef principale,
représentent l'une, l'empereur saint Henry, la couronne sur la tête, revêtu de son manteau impérial et la main reposant sur la garde de sa valeu-
reuse épée. L'autre peinture nous offre la vierge
sainte Claire dans toute la simplicité majestueuse
de son costume monacal, et tenant en ses mains
le ciboire sacré dont la vue dompta la bouillante
fureur des infidèles prêts à saccager le monastère
confié à la sainte Abesse. Ces sujets sont l'œuvre

châtiée de M. Villevieille, et ils ont été offerts à l'église en 1866.

Une œuvre capitale, ayant droit à l'admiration, c'est le tableau qui orne le fond de l'abside de la nef principale ; il représente l'Ascension du Sauveur au moment où il commence à s'élever vers le Ciel, tandis qu'au-dessous de lui, l'on aperçoit un groupe de disciples dans l'attitude de l'étonnement et dont quelques-uns laissent apparaître sur leurs traits radieux et attristés tout à la fois, la joie du triomphe du Maître et la tristesse de la séparation.

On admire les situations variées dans lesquelles le pinceau de l'artiste nous montre chaque sujet. mais ce qui ravit c'est le ton de suavité que l'harmonie des tons a su donner à cette scène pleine de vie et tempérée par des couleurs habilement fondues.

Cette toile, pour l'acquisition de laquelle un connaisseur anglais aurait vainement offert, a ce qu'on nous assure, une somme fabuleuse, figurait autrefois dans l'ancienne église. Il est regrettable que, pour l'adapter à la forme exigée par la place qu'elle occupe aujourd'hui, on ait dû la mutiler et faire disparaître une ravissante tête d'ange qui se trouvait vers le haut. Ce tableau est signé sur la gauche : Martin ; et porte la date de 1768.

Nous citerons encore pour compléter cette description, la fresque qui est à la voûte de l'abside de la grande nef, figurant la Trinité avec les anges en adoration ; elle est de Tartas jeune.

Cependant le nouveau campanile, avec ses gracieuses ouvertures encore vides, semblait réclamer une sonnerie complète et variée. Le Conseil de Fabrique voulut y aviser.

Le 7 octobre 1867 Monseigneur Place qui, l'année précédente, avait remplacé Mgr Cruice sur le siége de Marseille, vint faire sa première visite pastorale à Ste-Marguerite et bénir solennellement quatre cloches. Elles eurent pour parrains et marraines M. Georges Borelli et Mme Ve J^e Borelli de Roux, M. Louis Reymonet et Mme Maurel née Oddo, M. P. A. Hessé et Mme Louise Hesse née Rocca, M. J. Aubert et Mme Félicie Pastoret née Baron. Cette cérémonie s'accomplit au milieu du plus brillant apparat et en présence d'un grand nombre de notabilités, parmi lesquelles on remarquait M. Luce, Président du Tribunal civil, M. Bernex, Maire de Marseille, avec plusieurs Adjoints.

Le 19 avril 1868, M. B. Jauffret, propriétaire. remplaça comme Fabricien, M. Rocca démissionnaire.

Au mois de novembre de la même année, MM. Frontigny, Malleval et Barès, Lazaristes de la maison de Tour-Sainte, viennent prêcher une mission dont les exercices furent suivis avec le plus louable empressement. Pour en perpétuer le souvenir, on érigea sur un piédestal en pierres de taille. de chaque côté de la porte de l'église, en face de la grande avenue, les statues en métal qui ornent la place et représentent l'une la Ste-

Vierge et l'autre St-Joseph. Une grille en fer entoure chacun de ces monuments et forme une gracieuse enceinte émaillée d'un vert gazon et de fleurs odorantes.

M. l'abbé Busco, qui avait remplacé M. l'abbé Plane en 1869, eut lui-même pour successeur comme vicaire, au mois de mai 1871, M. l'abbé Ch. Roque. Ce dernier était remplacé avant la fin de la même année par M. l'abbé J. Guigou.

Un riche et honorable propriétaire de notre paroisse, M. Des Autels, mort en 1870, avait fait à la Fabrique de Ste-Marguerite un legs destiné à l'édification d'une modeste chapelle devant servir de lieu de réunion pour les catéchismes et les diverses associations pieuses de la paroisse.

Ce fut pour entrer dans ces vues que M. le curé Taurel ayant acheté un terrain propice, invita M. le vicaire général Guiol, en l'absence de Mgr l'Évêque retenu à Rome par le Concile, à venir poser la première pierre de l'édifice. Cette cérémonie s'accomplit avec pompe le Dimanche 12 Juin 1870.

Peu de mois après, en passant sur notre route on pouvait remarquer, presque en face de l'église, un gracieux monument, dont on n'a qu'à regretter l'extrême exiguïté.

Le 16 Avril 1871, M. G. de St-Jacques, propriétaire, succède comme Fabricien à M. J. Barile décédé.

A la fin de l'année 1872 M. le Recteur Taurel,

avait terminé sa longue et féconde administration ; Mgr l'Évêque en récompense de ses œuvres laborieuses le nommait chanoine-adjoint de sa Cathédrale. C'est dans cette retraite honorable que la mort est venue l'atteindre le 14 Janvier 1876, à l'âge de soixante-dix ans.

C'est M. l'abbé Arnaud Eug., précèdemment Recteur de St. Mauront, qui a reçu l'importante charge de continuer une mission que les pages de nos annales nous montrent, de tout temps si dignement remplie.

Il a été installé Recteur de Sainte-Marguerite le 12 Janvier 1873.

Jugeant que les soins religieux à donner à une population qui s'était accrue considérablement depuis quelques années et qui se trouvait répartie sur une étendue de plus de deux lieues, réclamaient le concours d'un nouvel auxiliaire, Mgr l'Évêque, au mois de Juillet 1873, nommait un second vicaire à Ste-Marguerite et M. l'abbé Guérin était désigné pour y venir remplir ces fonctions.

Au mois d'Octobre de la même année, M. l'abbé Aimé Roque succédait au même titre à M. l'abbé Guigou.

L'autel en marbre que Mgr de Mazenod avait consacré en même temps que l'église, avait été composé de diverses annexes éparses dont le rapprochement accusait un ensemble peu harmonieux. Aussi avait-il été remplacé en 1863 par un autel en bois, dans le style roman, exècuté par M. Girondy sur le plan de M. Tartas.

Cet autel a été achevé seulement en 1874, par M. Simon aîné, qui en a exécuté la riche ornementation, ainsi que les diverses statues qui entrent dans sa décoration.

Mgr l'Évêque accédant au vœu de la population exprimée par le curé, vint le Dimanche 27 septembre 1874 donner solennellement la consécration au nouvel autel qui se trouvait privé du privilége que l'église avait reçu en 1855.

Le même jour Mgr l'Évêque bénit et inaugura le local qui venait d'être créé en faveur de Œuvre de la Jeunesse et du Cercle Catholique.

Vers la même époque le chœur de l'église a été fermé par deux grilles en fer ouvragé, de trois mètres de hauteur, qui l'isolent des chapelles latérales du transept, et orné du rang des stalles en bois de chêne sculpté qui occupent la droite.

Une amélioration dont le plan dû à l'architecte de la ville fut accueillie avec une faveur sensible, concerne l'ouverture dissimulée par l'arceau de l'abside, exécutée au sommet de la voûte du chœur et destinée à éclairer cette partie de l'église trop privée de lumière. Ce travail a été achevé à la fin de l'année 1874.

Le Jubilé de l'année sainte fut prêché dans notre paroisse durant le carême de 1875. Les exercices présidés par M. le chanoine Daspres, Promoteur diocésain, avec le concours de M. l'abbé Goirand recteur du Rouet et de M. l'abbé Bourgues vicaire de la même paroisse, se terminèrent aux Fêtes de Pâques. C'est à la table sainte par le nombre de ceux qui vinrent y recueillir le fruit de ce temps de bénédiction qu'on put juger du bien opéré.

Il convenait d'en assurer la durée et d'en conserver le souvenir. Nous inspirant de la pensée du Mandement de Mgr l'Évêque, nous crûmes qu'on ne saurait atteindre plus sûrement ce double but, qu'en consacrant la paroisse à la Très-Sainte Vierge et en érigeant une statue de N. D. de Lourdes.

C'est le lundi 29 Mars, deuxième fête de Paques, que s'accomplit cette touchante cérémonie, dans la vaste cour de l'Œuvre de la Jeunesse. Là, sur un trône gracieusement décoré et rappelant la rayonnante apparition de Lourdes, s'élevait la statue de la Vierge Immaculée. Après une éloquente allocution de M. l'abbé Goirand et les prières de la bénédiction, l'image vénérée fut portée processionnellement et placée sur l'attique qui surmonte le portail de la chapelle de la Congrégation.

Nous ne clôturerons point ces annales paroissiales, sans exprimer ici notre profonde gratitude à l'égard des charitables dames de la paroisse, qui ont répondu avec un si religieux empressement à notre appel en faveur de la confection d'ornements sacrés. Leurs noms demeurent dans nos archives et continuent des traditions qui honorent les familles de nos généreuses bienfaitrices.

Grâce à une libéralité qui n'a d'égale que la piété qui l'inspire et que nous prions le Seigneur de récompenser, notre sacristie, qui était dans le dénuement le plus complet, possède aujourd'hui quelques ornements de valeur et se trouve pourvue d'un bon nombre d'autres fort décents, pour servir dans les fonctions du saint ministère.

S'il nous était permis de former encore un vœu, ce serait la dotation pour notre église, de vases sacrés: calice et surtout ostensoir, plus en rapport avec la majesté des fonctions auxquelles ces objets sont destinés.

CHAPITRE IX

INSTRUCTION PUBLIQUE. — ÉCOLES ET PENSIONNATS.
— COMMUNAUTÉS RELIGIEUSES. — ASSOCIATIONS
DE PIÉTÉ. — SOCIÉTÉS DIVERSES.

Écoles. — Depuis de longues années il y avait
à Ste-Marguerite un instituteur; mais l'école n'étant
point gratuite un petit nombre de familles consen-
taient à y envoyer leurs enfants, encore les besoins
urgents de l'agriculture obligeaient-ils à les retirer
dès qu'ils savaient lire et écrire. Nous constatons
qu'il y a progrès sensible à cet égard, et si les
enfants ne font pas dans les classes un séjour
plus prolongé qu'autrefois, du moins il est peu
de familles qui ne comprennent le devoir de faire
profiter les leurs, de l'instruction gratuite.

Actuellement les Frères de la Doctrine Chrétienne ont dans leurs classes 125 enfants inscrits
et fréquentants.

Les petites filles étaient autrefois moins favori-
sées. Ce ne fut qu'en 1826 que la sollicitude pas-

torale de M. Mourre appela deux institutrices de la Congrégation du Saint-Nom-de-Jésus ; elle s'établirent à Ste-Marguerite le 2 novembre de cette année. Rien de modeste comme cette fondation qui devait pourtant réaliser un bien considérable. Une modique pension à trouver par voie de souscription, pour suffire à tous les besoins des religieuses, un logement d'emprunt dans la grange de M. Mottet ; telles furent les conditions qui firent durant quelques années la vie de privation des pieuses et dévouées institutrices. Le nombre des élèves s'étant accru, il parut convenable d'assigner un établissement plus propice.

Au mois de mars 1829, on commença dans ce but, sur la petite place qui existait au couchant de l'église, entre le jardin du presbytère et le cimetière, la construction de la maison qui devait servir d'école. Au mois de septembre de la même année elle fut inaugurée et les sœurs en prirent possession.

Construit dans des conditions qui accusaient franchement le désir de ne donner qu'un asile provisoire à cette indispensable institution, le nouvel établissement ne subsista que quelques années ; il fut démoli en 1866 pour servir à l'agrandissement du cimetière.

Cependant cette école, tant à cause du petit nombre des maîtresses que par l'insuffisance du local, ne répondait plus aux besoins de la localité ; celle des garçons était peu fréquentée ; d'autre part au quartier du Rouet, voisin de Ste-Marguerite, il n'existait aucune école, et toutes les tentatives pour en créer avaient été infructueuses. De cette situation naquit l'idée d'une fondation commune, pouvant servir utilement aux deux quartiers, et le dessein de la confier aux Sœurs de St-Vincent-de-Paul, aptes à diriger l'école des filles aussi bien que celle des garçons. Une commission composée de MM. Luce, président du Tribunal civil, A. Dromel, Courtot, adjoint au maire, et quelques autres honorables propriétaires, obtint de Mgr l'Évêque son approbation en faveur de cette création. Un local presque à égale distance de Ste-Marguerite et du Rouet fut approprié, grâce à la générosité de M. Dromel, avec le concours du curé du Rouet et l'agrément du curé de Ste-Marguerite.

A la fin de juillet 1855, quatre sœurs de St-Vincent-de-Paul prirent possession du local et l'école mixte fut ouverte au mois d'octobre suivant.

La salle d'asile fut ajoutée à l'établissement en 1856.

Aujourd'hui, le Rouet ayant obtenu la fondation d'une école, les petites filles de ce quartier ont cessé de venir en classe à Ste-Marguerite. Néanmoins notre école reçoit encore 125 filles, et la salle d'asile compte 115 enfants des deux sexes de 2 à 6 ans. C'est le vœu de la population que l'établissement soit transféré en un lieu plus central et dont la position exclue l'anxiété légitime des familles touchant le danger permanent, auquel sont exposées les petites filles à leur entrée comme à leur sortie de l'école, par suite du mouvement considérable des voitures et de l'encombrement qu'occasionne d'ordinaire sur ce point la barrière de l'octroi.

Dans l'intervalle, la population de Ste-Marguerite s'était accrue et le nombre des enfants devenant de plus en plus considérable, le local se trouva insuffisant. Les propriétaires qui avaient doté de leurs deniers l'établissement des sœurs, se réunirent une seconde fois et avisèrent à la fondation d'une école spécialement déstinée aux garçons. Grâce à la direction du curé et au zèle actif de M. l'abbé Plane, vicaire de la paroisse, l'établissement des Frères de la Doctrine Chrétienne fut fondé dans les derniers jours de 1865. L'école libre fut ouverte dans l'ancien presbytère, et au mois de juillet suivant, elle fut reconnue par la ville,

Le local occupé aujourd'hui, fut approprié à sa destination dans le courant de 1867, aux frais de la mairie, et les classes furent installées dans l'ancienne église, au mois d'octobre de la même année.

Pour répondre aux besoins d'une partie de la population trop éloignée de l'école communale des filles, située à l'extrémité Nord de la paroisse, les Dames religieuses de Sion ont obtenu provisoirement de Mgr l'Évêque la faculté d'ouvrir une école libre gratuite. Elle a été installée en 1873 et une maîtresse détachée spécialement de la communauté, donne ses soins intelligents aux enfants que les familles voisines leur confient ; cette classe compte vingt-cinq petites filles.

Pensionnats. — Peu de paroisses rurales sont dotées aussi heureusement que Ste-Marguerite, au point de vue de l'enseignement : outre les écoles dont nous venons de parler, il existe trois pensionnats pour l'éducation et l'enseignement complet des jeunes filles.

Jamais le besoin d'une instruction solide pour la femme ne se fit sentir comme à notre époque, parce que jamais on n'avait si bien compris l'importance de la mission qu'elle doit remplir dans la famille. C'est ce qui explique la multiplication étonnante des pensionnats de demoiselles à notre temps ; et parce que cet enseignement ne peut être fructueux qu'autant qu'il procède des principes de la Religion, il était réservé aux communautés religieuses de multiplier leurs fondations dans ce but.

En 1859, les Religieuses Trinitaires de Valence arrivèrent à Marseille et prirent la succession d'un externat à la rue Estelle. Le nombre des élèves s'étant notablement accrû, ces Dames jugèrent favorable de faire l'acquisition d'une maison de campagne pour y transférer les élèves pensionnaires. Le quartier de Ste-Marguerite fut conseillé comme étant le plus sain et le mieux habité.

C'est en 1862 que fut disposée à cette fin la magnifique campagne de M. Taix, et le pensionnat reçut ses premières élèves au mois d'octobre de cette année ; elles furent au nombre de vingt-trois dès le début. Ce nombre est allé toujours croissant et aujourd'hui la confiance de nombreuses et honorables familles récompense le dévouement des doctes institutrices qui, chaque année, montrent par le succès de leurs élèves dans les examens académiques, la sûreté de leur méthode et la valeur de leur enseignement.

Une chapelle décorée avec art, tient à l'établissement ; la bénédiction solennelle en fut faite le 10 décembre 1862 par Mgr Lyonnet, Évêque de Valence, accompagné de Mgr Cruice, Évêque de Marseille, qui lui avait déféré cet honneur.

Le pensionnat dirigé par les Dames de Sion, vient à peine d'être fondé avec l'autorisation de Mgr l'Evêque, et déjà les éléments qui permettent d'augurer du succès ont commencé à se développer. On ne saurait trouver pour les santés les plus délicates un établissement plus favorable et offrant de meilleures conditions. Une vaste maison de campagne sert de local, une forêt de pins l'environne et s'étend jusqu'au sommet du mont Rouvière qui le met à l'abri des vents du Nord-Est. Par un admirable contraste, une vaste terrasse, au-devant de la maison, donne issue à des berceaux de verdure , où par intervalle des massifs de fleurs mêlent leurs parfums aux senteurs de la colline.

Les voitures arrivent au pensionnat des Dames de Sion, en prenant la Traverse de la Chaîne, près du Cabot.

Le pensionnat du Saint-Cœur de Marie forme une dépendance séparée du monastère des religieuses de Notre Dame de Charité. Des sœurs de cette congrégation le dirigent et y élèvent avec la plus maternelle sollicitude les jeunes filles qui leur sont confiées.

Communautés religieuses. — Les Religieuses de Notre-Dame-de-Charité occupent le magnifique monastère qui vient d'être construit sous la direction de M. Bérengier, architecte, au pied de la colline de St-Joseph. Nous en avons tracé la physionomie dans la première partie de cet ouvrage.

Le 3 mai 1869, Mgr Place, Evêque de Marseille, désigna lui-même, sur les terrains déjà acquis par la communauté, les lieux où l'on devait établir les bâtiments dont la première pierre fut posée le 4 juin de la même année. La bénédiction et l'inauguration de la chappelle eurent lieu le 20 mai 1873.

Le but de cette fondation, a été d'offrir un asile à une certaine classe de personnes qui ont besoin de conversion, ou qui seraient exposées au danger de se perdre, ou enfin que des raisons soit de famille soit de position, engageraient à s'éloigner du monde.

Ces personnes pour la plupart, ne se décideraient point à entrer dans une maison où elles se trouveraient confondues avec d'autres d'une condition inférieure et dont la société ne saurait leur convenir.

Pour repondre aux demandes diverses qui étaient faites en faveur des jeunes filles à préserver des dangers du monde, l'on a ajouté à cette catégorie, une classe où l'on forme ces jeunes personnes aux divers travaux de leur condition, en même temps qu'on leur inculque des principes chrétiens.

Parmi les jeunes personnes qui viennent dans cette maison, il en est qui, une fois résolues à pratiquer la vertu, redoutant les périls auxquels le monde les exposerait de nouveau, désirent se consacrer à Dieu ; mais différentes raisons s'opposent à leur réception dans la plupart des communautés religieuses. Le vénérable fondateur de l'institut de N.-D. de Charité, avait établi, pour favoriser ces bons désirs, un tiers-Ordre qui compte environ seize cents membres, en Bretagne où cette pieuse société a pris naissance. Dans la maison du Saint-Cœur de Marie on lui a donné un cachet monastique en revêtant les Tertiaires du saint habit et en leur fournissant les moyens de mener une vie qui est pour elles non seulement une position, mais qui les rattache encore à la communauté.

Dans une dépendance du monastère, mais en dehors des communications avec les classes précédentes, l'on reçoit des dames pensionnaires. Sous la sauvegarde d'un règlement particulier, elles y trouvent le calme d'une riante solitude et jouissent de toute leur liberté pour l'assistance aux exercices religieux.

La colline, au sommet de laquelle s'élève la chapelle dédiée à St-Joseph, appartient aujourd'hui au
monastère du St-Cœur de Marie. L'oratoire primitif
qui vient de disparaître, avait été bâti en 1843 par
M. Payen, en reconnaissance d'une faveur obtenue
par l'intercession du Saint.

Une plaque commémorative, à l'intérieur de cette
chapelle, portait l'inscription suivante :

D. O. M.

Hanc Ædem D. Josepho Fundavit
Joseph Cæsar Augustus Payen
Benedixit D. D. Carolus Joseph Eugenius
De Mazenod Episcopus Massiliensis
X Decembris MDCCCLIII
P. M. Gregorius XVI.

Jusque dans ces derniers temps, la garde de
cette chapelle fut confiée à un ermite, vivant des
aumônes recueillies dans les environs. Fréquentée
seulement, à certaines époques, par les populations
des villages environnants, on y célébrait l'office
divin le jour de la fête du saint et pendant l'octave du Patronage ; en d'autres temps, quelques
touristes venaient seuls, parfois, effrayer les trou-
peaux de chèvres qui trouvaient un maigre pâtu-
rage sur ecs rampes abruptes. A une date récente,
quand la dévotion trouva dans les pèlerinages un
aliment pour réveiller la foi des populations, Mgr
l'Évêque autorisa le curé de Ste-Marguerite à orga-
niser un concours en l'honneur de St-Ioseph.

Le 3 septembre 1873, par une belle matinée d'automne, environ 6,000 personnes (1) se trouvaient réunies pour implorer l'assistance du glorieux Patriarche protecteur de l'Église. La chapelle ayant été jugée insuffisante, un autel monumental avait été élevé au devant, et au sommet, dominant au loin, était placée la statue vénérée. La cérémonie fut présidée, au nom de Mgr l'Évêque, par M. l'abbé Fourquier, archidiacre, vicaire général, qui célébra la messe en vue de la foule. Pendant la fonction, la musique du 55ᵉ de ligne et celle de Ste-Marguerite, accompagnaient de leurs accords les mâles voix de divers chœurs d'hommes. M. l'abbé Payan d'Augéry fit, à l'issue de la messe, un brillant panégyrique du saint. La voix de l'orateur dominant cette multitude attentive, allait répercutée d'échos en échos, s'éteindre au fond des solitudes environantes. Après la bénédiction du Très-Saint-Sacrement, la statue de St-Joseph fut descendue de son trône et portée en triomphe par les hommes, jusqu'au monastère, pour être ensuite transférée dans l'église de Ste-Marguerite d'où elle avait été amenée.

Une pensée de foi et de patriotisme inspirée à une dame généreuse et dévouée à St-Joseph, dans le but d'obtenir par sa puissante intercession le triomphe de l'Église et le salut de la France, fait élever à cette heure, à la place de la modeste chapelle un temple magnifique, qui n'aura pas

(1) C'est l'évaluation donnée par la *Gazette du Midi*, nᵒ 13,282.

moins de 32 mètres de longueur sur 6 mètres 50 centimètres de largeur, non compris la profondeur des chapelles, et 13 mètres de hauteur sous voûte. La construction est de style gothique du XIIIe siècle. La nef est unique avec trois chapelles de chaque côté, en dehors des travées. Au fond de l'abside à pans coupés, repose le maître-autel ; il est en pierre blanche soigneusement ouvré. Les magnifiques vitraux, qui représentent les principaux traits de la vie de saint Joseph, sortent des ateliers de M. Lévêque, à Beauvais.

Le plan de ce grâcieux monument est dû à M. Bérengier.

L'inauguration solennelle en à été faite le 6 mai 1876, par Mgr l'Évêque de Marseille, au milieu d'une foule empressée.

Les Religieuses de N.-D. de Sion obtinrent, en 1869, de Mgr l'Évêque, l'autorisation d'établir une résidence dans le diocèse et vinrent s'installer à Ste-Marguerite. Une pieuse dame, dont le dévouement est acquis à l'institut (1), a généreusement mis à la disposition de ces religieuses une de ses magnifiques propriétés. Cette maison offre l'hospitalité aux sœurs que les nombreux établissements desservis par cette congrégation en Orient, rendent fréquemment de passage à Marseille.

Les sœurs de St-Vincent de Paul, outre la direction de l'école communale des filles, établirent,

(1) Mme Pastré, née de Régny de Bernadac.

en 1856, grâce à l'impulsion active de la charité locale, une pharmacie destinée à fournir gratuitement les remèdes aux indigents. De plus, un médecin y vient deux fois la semaine donner des consultations gratuites ; enfin, une sœur de charité est chargée de la visite des malades à domicile.

On devine aisément que cette fondation est devenue la Providence de la paroisse pour les pauvres, et Dieu sait combien de misères ont été allégées par ces messagères de la charité ! C'est par leurs mains que passent les aumônes de nos propriétaires en faveur des indigents.

Un orphelinat, fondé par la famille de M. A. Dromel dans sa propriété et continué par les siens avec la plus touchante sollicitude, a été confié aux filles de St Vincent de Paul. Les petites filles orphelines de mère y sont accueillies dès l'âge de six ans ; elles y reçoivent une instruction suffisante et on les forme aux divers travaux qui préparent sérieusement leur avenir.

Associations de Piété. — Il existe pour les dames et les demoiselles, une congrégation dont la fondation remonte à 1697. Elle fut établie par les Pères de l'Oratoire à la suite d'une mission, sous le titre de N. D. de la Garde et du St-Enfant Jésus. Cette association, que la difficulté des temps avait désorganisée, fut rétablie en 1821, par M. Mourre, sous le titulaire du Sacré-Cœur et de la Vierge de pureté. Après un temps de vicissitudes diverses,

elle a recouvré son ancien éclat, et elle compte
aujourd'hui environ deux cents membres.

Les sœurs de St-Vincent de Paul, ont établi
depuis quelques années, une association ayant pour
but de grouper autour de leurs anciennes maîtresses, les jeunes filles qu'elles ont élevées dans
leurs classes. En leur offrant chaque dimanche des
récréations variées, elles trouvent le moyen de
continuer sans interruption auprès de ces jeunes
filles, des relations qui assurent leur persévéran-
ce dans le bien.

C'est l'association des Enfants de Marie ; elle
compte près de cent membres. C'est une faveur
d'en porter les insignes, elle n'est accordée aujour-
d'hui, après un temps suffisant de probation,
qu'aux jeunes filles faisant déjà partie de la congrégation.

La confrérie du St-Sacrement, fondée en 1697,
compte encore de nos jours, un grand nombre de
membres inscrits, qui se font un religieux devoir
d'environner l'adorable Eucharistie d'un culte
pieux d'adoration et de réparation. Un exercice
public et mensuel, le troisième dimanche, réchauffe
le zèle de tous et encourage au fidèle accomplissement des obligations de chacun des associés.

Il existait autrefois, sous le titre de St-Louis-de-
Gonzague, une association pieuse pour les jeunes
gens et les hommes ; elle avait été fondée par
M. Prou en 1832 et se conserva nombreuse, autant

que fervente, durant quelques années. Nous avons dit ailleurs, que perdant son caractère primitif, elle se transforma dans la suite, en gardant son titre. Elle s'est dissoute en 1875.

En 1874, a été fondée une Œuvre de Jeunesse sous le patronage de St-Louis-de-Gonzague. La bénédiction, qui a été faite le 27 septembre par Mgr l'Evêque, de l'établissement et de ses premiers membres, ainsi que le concours plein de sympathie que cette fondation a reçu de la part des honorables propriétaires de la paroisse, lui porteront bonheur et permettent déjà d'attendre avec confiance les heureux résultats que ces institutions obtiennent, partout où elles sont cultivées avec zèle et secondées avec bienveillance.

Sociétés diverses — Dans le même but que s'efforcent d'atteindre les généreux initiateurs du Comité catholique de Marseille, et comme complément de l'Œuvre de Jeunesse, un Cercle catholique a été inauguré à Pâques de 1875. Il occupe les appartements qui sont au-dessus de la salle de l'Œuvre et qui présentent toute l'aisance qu'on y peut désirer.

L'esprit que le règlement du Cercle imprime à tous ses membres, non moins que l'adhésion si bienveillante d'un bon nombre de nos dévoués propriétaires, qui ont daigné s'inscrire comme membres honoraires, dissiperont certaines préventions peu éclairées, qui ne voient dans cette institution qu'une mesquine concurrence à l'encontre de quelques intérêts privés.

Sous le nom de Ste-Marguerite, il existe une société de secours mutuels qui rend d'importants services à notre population ouvrière. La création de cette œuvre de bienfaisance remonte à 1841. Moyennant la modique cotisation de 1 fr. 50 c. par mois, les sociétaires reçoivent gratuitement, en cas de maladie : le secours du médecin, les médicaments, et une indemnité pécuniaire. La société de Ste-Marguerite compte cent-vingt membres participants.

Saint Eloi a toujours été invoqué dans notre localité ; depuis une dizaine d'années, il est le titulaire d'une société d'hommes qui se réunissent dans leur chambrée et y passent, dans des récréations inoffensives, leurs loisirs du dimanche. La plupart appartiennent à la catégorie des voituriers, bergers, selliers et maréchaux-ferrants.

Ils célèbrent leur fête le premier dimanche de juillet, ainsi que nous l'avons dit précédemment.

Une autre société qui a son siége au quartier du Cabot, composée généralement de jardiniers, a pris pour titulaire saint Jean-Baptiste.

La société musicale de Ste-Cécile a été organisée en 1874, par la fusion des deux corps de musique qui existaient précédemment dans la localité.

Plusieurs récompenses obtenues dans divers concours témoignent de sa bonne composition et font le plus grand honneur au maître qui la dirige.

CHAPITRE X

LA CAMPAGNE DE STE-MARGUERITE. — CHATEAUX.
VILLAS. - MAISONS DE CAMPAGNE.

L'établissement du canal qui amène les eaux de
la Durance à Marseille a fait bénéficier, plus qu'aucun autre le territoire de Sainte-Marguerite,
d'une irrigation bienfaisante qui l'a complètement
transformé. Nos plaines, dont la sècheresse prover-
biale n'offrait à la vue, il y a quelques années,
qu'une végétation souffreteuse et grêle, révèlent
aujourd'hui la fertilité la plus étonnante. Les produits agricoles ont été remplacés, en grande partie
par la culture de luxe. Les bois verdoyants et les
prairies aux massifs émaillés, font de notre campagne un immense jardin de délices.

Ici, c'est un bosquet qui dessine ses ombreux
dédales au-dessus d'un tapis ondoyant et fleuri,
là, de sinueuses allées contournent de gracieuses
avenues aux grilles princières, ou bien de longues
lignes de peupliers d'Italie à la cîme élancée, dominent comme des géants. Ailleurs, une grotte mous-

II

seuse fait pendant à une vaste serre dans laquelle le camélia, le palmier et l'oranger voient à leurs pieds s'épanouir une variété de précieuses graminées et des plantes exotiques les plus recherchées.

Tantôt sur vos pas, un étang au sein duquel scintillent les poissons empourprés, fait miroiter son onde limpide, tandis que plus loin une cascade verse, en larges nappes, ses eaux écumantes. Vous vous croyez transporté dans une des villas de Gênes ou de Rome ; tout un peuple de statues y attire votre regard ; les unes représentant des allégories mythologiques, les autres inspirées par une pensée chrétienne, mais presque toujours accusant la perfection artistique.

Ajoutons que l'architecture ne s'est pas montrée au-dessous des chefs-d'œuvre de la sculpture et du bon goût. La classique bastide avec son mûrier pour ombrage, et son avenue invariablement complantée d'oliviers, aura bientôt absolument disparu pour faire place au château somptueux ou à la gracieuse villa.

Pendant la belle saison, c'est-à-dire, du mois de mai au mois de novembre, toutes ces riantes solitudes s'animent ; ces allées désertes font entendre le bruissement du sable que les carosses roulants viennent émietter ; les fenêtres longtemps closes s'entrouvrent et laissent pénétrer dans les appartements les joyeux rayons d'un soleil printanier.

Les bornes de cet ouvrage nous permettront à peine d'énumérer quelques-unes des propriétés principales de notre territoire.

Au Nord-Est et sur la limite de notre paroisse nous trouvons les vastes terres de Carpiagne. Un acte notarié du 8 mai 1332 en fait mention. L'église de N.-D. de Carpiagne, *Ecclesia de Carpesanha* était une dépendance de l'Évêché de Marseille au XIVe siècle. Une charte de 1363 mentionne la présence du prêtre desservant Carpiagne, à un synode tenu à la cathédrale au mois d'avril de cette année (1).

Ce domaine appartint aux chevaliers de St-Jean de Jérusalem qui en avaient fait un membre, c'est-à-dire, une résidence détachée de leur maison principale. Après la dissolution de l'Ordre, il fut abandonné aux chevaliers de Malte qui jusqu'à la Révolution de 1789 prélevèrent une redevance en nature sur ces terres.

Les bâtiments avec leurs dépendances avaient été achetés au XVIe siècle par Blaise Doria, riche marchand gênois ; ils sont aujourd'hui la propriété de M. Imbert, maire de Cassis, qui a réparé avec art les antiques constructions et ordonné avec beaucoup de goût les plantations environnantes.

L'ancien couvent sert de logement de maître ; il paraît avoir été bâti en plusieurs fois et fait suite à la cave monumentale destinée à recevoir le produit de vastes terres vinicoles ; seulement, l'habitation primitive était reliée à l'ancienne chapelle, par un cloître dont on remarque encore des vestiges. Ce vieil oratoire ayant servi, depuis, à divers

(1) *Antiquité de l'Église de Marseille*. Bels. T. II. 495.

usages, demeure encore parfaitement conservé mais il n'a pas été rendu à sa destination primitive. Une chapelle plus moderne contigüe à l'habitation et ornée de moulures artistiques sert aujourd'hui au culte.

Malgré les diverses appropriations que lui ont fait subir ses différents maîtres, le château de Carpiagne demeure foncièrement tels que les Templiers l'ont laissé, car toutes les chambres des étages, ouvrent comme des cellules sur un long corridor, qui fait le tour de l'habitation.

La propriété embrasse une superficie d'environ seize cents hectares, mais la partie Sud des collines n'appartenait pas autrefois au domaine de Carpiagne, c'étaient des terres communales de Marseille, dites *terres gastes* ; elles furent acquises par le propriétaire précédent. Quant à la partie cultivée, sa contenance est d'environ cent hectares.

Il y a à Carpiagne une source abondante alimentant des bassins d'une capacité de 400 mètres cubes, et une colonie de quarante personnes occupées à l'exploitation des terres, sous la direction même de M. Imbert dont le château de Carpiagne est la résidence habituelle.

Au Sud-Ouest de Carpiagne et au pied du mont Puget, nous rencontrons le domaine de Luminy. Le principal corps de bâtiment et la chapelle qu'on y remarque ont été construits à une époque récente ; le vieux château est devenu une annexe, et forme une des ailes de la construction principale. L'antique oratoire rappelait l'architecture romane et se trouvait flanqué d'une haute tour, dont il ne reste plus guère que la base.

Les terres de Luminy furent lontemps possédées par l'abbaye de St-Victor ; au XVIIIe siècle elles appartenaient à la noble famille d'Ollières qui en avait emprunté le nom. Nos archives paroissiales font mention de divers membres de la famille d'Ollières de Luminy, comme bienfaiteurs de l'église de Ste-Marguerite.

En 1793 le château fut envahi par une bande de scélérats qui aprés avoir enfermé et baillonné la vieille châtelaine, seule résidante, le pillèrent et portèrent leur butin dans la calanque de Morgiou où une barque les attendait pour favoriser leur évasion.

On remarque au-dessus du château, à la base même de la colline, un immense réservoir qui ne contient pas moins de 5,000 mètres cubes d'eau ; il est alimenté par des canaux savamment disposés sur le flanc de la montagne et qui venant y déverser les eaux pluviales, les empêchent de raviner ces pentes boisées.

On évalue à 200 hectares environ de terres cultivables et à 900 hectares de collines boisées, la superficie totale de Luminy. Ce riche domaine est aujourd'hui la propriété de MM. Fabre, de Marseille.

Revenant vers la mer, au Midi et sur le versant de la dernière ramification de la chaîne de la Gardiole, au sein d'une riche végétation artificielle qui a transformé ces roches arides en un immense parc, nous voyons se dérouler, avec leurs divers accidents de terrain, les propriétés de la famille Grandval. Autour du château principal, monument princier d'une architecture aux lignes graves et correctes du XVIIe siècle, élevé par le chef honoré de cette famille, vers 1858, viennent se grouper à des espaces inégaux et dans les sites les plus variés, cinq autres villas, résidence d'été de chaque famille de cette opulente maison.

On jouit, du perron du grand] château. d'une vue splendide sur la mer. A l'extrémité d'une avenue bordée d'arbres verts, s'élève une chapelle dont la décoration sobre d'ornements est du meilleur goût. L'autel est en beau marbre blanc ; au-dessus, et au fond d'un abside circulaire dans laquelle un jour habilement tempéré projette une douce clarté, s'élève une ravissante statue en marbre de la Vierge ; l'on dirait une blanche apparition de Marie dans un nimbe d'or.

Nous laissons au couchant les campagnes Ambard, Palmer et plusieurs autres aux bornes plus étroites, mais néanmoins, encore fort remarquables, pour atteindre une propriété que les souvenirs historiques, plus que son importance actuelle, imposent à notre description.

On sait que le roi Réné d'Anjou, comte de

Provence qui vint habiter Marseille, en 1473, possédait sur le territoire de Ste-Marguerite une maison de cempagne ; c'est celle qui est connue sous le nom de Grand'Bastide. Le bon roi se plaisait dans cette résidence et la préférait à d'autres qu'il possédait dans la banlieue, à cause de son site enchanteur en face de la mer, au sein d'une région qui, étant encore fort boisée, devait être très-giboyeuse et servir à souhait la passion du prince pour la chasse.

Nous savons, en effet, que le défrichement ne fut commencé qu'après le siége de Marseille, par le Connétable de Bourbon, c'est-à-dire après 1524.

Le nom de Grand'Bastide qui est resté à la résidence du roi Réné, indique suffisamment l'importance de ce domaine, et rappelle une magnificence qui n'est plus que dans les souvenirs. Les bâtiments qui demeurent encore, n'offrent rien de remarquable et ne remontent pas à une époque très-éloignée ; ils indiquent, ainsi que les grands bassins dans lesquels des galeries souterraines, beaucoup plus anciennes et véritables ouvrages d'art, amènent une eau aussi limpide qu'abondante, l'époque du premier empire. Mais on y trouve des traces de constructions considérables, et épars, quelques débris de colonnes et de chapiteaux qui révèlent l'ancienne splendeur de ces lieux.

On montrait autrefois, sur un mur du salon de la Grand'Bastide, une vieille fresque représentant une chasse aux cerfs, que l'on prétendait être du temps du roi Réné, si elle n'était pas due au pinceau du prince lui-même.

Il existait également sur diverses parties de ce domaine plusieurs bastions en forme de tour, dont on retrouve seulement des vestiges assez bien conservés.

Aujourd'hui, le domaine de la Grand'Bastide, se trouve en partie morcelé et les anciennes habitations, ainsi que les constructions plus modernes qui en dépendent, appartiennent au territoire de la nouvelle paroisse de Ste-Anne.

La propriété de M. Gustave de Saint-Jacques, anciennement Des Autels, paraît provenir d'un démembrement de la Grand'Bastide. Par ses plantations aux grandes lignes, ses vastes terrasses et ses bosquets labyrinthiques, ce beau domaine porte l'imposant caractère du grand siècle. C'est en 1792 que ces travaux remarquables furent commencés sous la direction d'un jardinier du petit Trianon appelé Louis Guérin. La Révolution empêcha la construction du château dont M. Rostan, le propriétaire de l'époque avait le projet. Le plan qui en est resté, rappelle la façade du Château Borély.

Il y avait dans les bosquets un théâtre en verdure, sur lequel la comédie avait été jouée plusieurs fois par les artistes du théâtre de Marseille. L'emplacement subsiste encore et rappelle exactement sa destination. Le corridor des acteurs, les coulisses et les portiques sur la scène étaient en cyprès taillés aux ciseaux, le parterre en gazon était entouré de dix loges, tout en charmilles taillées. Au milieu de l'enceinte était ce que l'on nommait une surprise, c'est-à-dire, un jet d'eau dissimulé sous la verdure, que l'on faisait sournoisement jouer et qui tombait en cascade fine sur les assistants. Entre le parterre et la scène, s'étageait une haie touffue de lauriers-tym, derrière laquelle se tenaient le souffleur et les musiciens.

Le·froid excessif de 1828-1829 fit périr les charmilles et les cyprès ; M. Des Autels les fit remplacer, mais le voisinage des grands arbres qui les dominent en a empêché le développement.

Le grand bassin qui dessine ses contours classiques, au milieu de la grande pièce ovale, encadré par une double rangée de frênes et de sycomores, paraît pris du plan réduit des anciens bains d'Agrippa, à Rome.

Le groupe en marbre qui émerge du sein. des eaux est une sculpture remarquable, rappelant le style de Michel-Ange. Autrefois, indépendamment du jet fourni par les trois grenouilles, un jet de cinq mètres de hauteur retombait sur la conque.

Les terrasses n'offrent pas une moindre correction. Sur celle du Mascaron, ainsi nommée à cause de la tête noire qui verse l'eau dans le bassin supérieur, on voyait, il y a quelques années, un grand parterre à compartiments, tous divisés en petits échiquiers en buis, taillés selon le goût de Le Nôtre.

C'est en 1835 que fut exhaussée, sur la voûte résistante d'un vieux bastion, semblable aux vestiges de ceux que nous rencontrons dans l'ancienne résidence du Roi Réné, la haute tour qui commande à toute la région environnante. Un mécanisme ingénieux faisait mouvoir à l'intérieur un écuyer automate, revêtu de son armure de fer et saluant par un formidable coup de tam-tam, l'entrée des visiteurs. On jouit, du sommet de la tour, d'une vue qui n'a de bornes au Couchant que l'horizon sur la mer, et les collines enserrant le territoire de Marseille, au Nord et à l'Est.

On connaît la légende de M. le baron Gaston de Flotte qui a illustré cette tour, dans laquelle le génie inventif de l'auteur met le comte de Bussy Rabutin aux prises avec Satan (1).

A peu de distance de ce monument et sur l'emplacement d'un ancien oratoire, la piété filiale de M. Des Autels fit élever en 1843, sous la direction de M. Bérengier, une gracieuse chapelle. Elle est construite en forme de croix latine ; une coupole ovoïde vient reposer sur quatre pilastres stuqués. du style dorique, formant l'enceinte de l'édifice. Au-dessous, M. de St-Jacques vient de substituer au caveau primitif une grotte artificielle du plus bel effet.

Nous quittons cette propriété pour suivre la

(1) La Tour maudite. — *Légende Marseillaise.* — Paris 1854.

traverse anciennement dénommée : Traverse du Castellet, et que l'on appelle aujourd'hui : Traverse du Tombeau, à cause de l'enclos qui fut choisi vers la fin du dernier siècle, pour lieu de sépulture, par la famille Dellilé. Il est situé à l'angle de la vaste campagne de M. de Greling et se trouve aujourd'hui la possession de la famille Nogaro. Sur le portail sans prétention, de cette enceinte funèbre, une plaque en marbre noir, porte l'inscription grecque suivante :

Θ. Κ.

ΤΗ ΣΥΜΒΙΩ ΤΕΘΝΕΟΤΙ

ΚΑΙ ΕΑΥΤΩ

Ο ΣΥΜΒΙΟΣ ΛΥΠΗΡΟΣ

ΑΝΕΘΗΚΕΝ

C'est-à-dire :

A son épouse défunte
Et à lui-même,
L'Epoux affligé
A élevé (ce monument)

Plusieurs campagnes ont leur entrée sur la même traverse : nous y admirons, en passant, les villas *Charmerette*, à MM. Chaylan ; *Geneviève*, à M. Baltazzi ; *Champ-Fleuri*, à M. Allard ; un peu vers la droite, *La Mathilde* nous présente sa superbe grille, laissant à découvert une vaste et riante plaine dont le cadre paraît formé, au loin, par les collines de Montredon et la mer. C'est M. Grué qui a créé avec infiniment de goût cette charmante villa, dont il fait sa résidence habituelle.

Franchissant de là l'espace qui nous sépare des anciens champs de Carvillan, au-dessous et vers le couchant, nous remarquons au fond d'un ravin pittoresque, le château que M. Bodin, père, architecte, s'était bâti dans le style du XVe siècle. A côté se trouve la villa *Elissia*, de M. Prassacachi, avec son haut belveder, laissant apercevoir au loin, au-dessus de la cîme des pins, la mer d'un côté et une gorge montagneuse des plus mouvementées de l'autre.

En suivant la direction du Levant, et au-dessus de la campagne de M. Routier, dont le terrain cultivable se trouve enserré par la base des collines, tandis qu'un bois de cèdres entoure la maison d'habitation, on aperçoit sur une des hauteurs du vallon de la Panouze, l'élégant chàlet de M. Laugier-Ravanas ; un peu plus au Midi, domine, avec son architecture gracieuse, l'imposant château de M. Louis Reymonet, élevé en 1865, sur le point qui envisage la mer, d'après les plans et sous la direction de M. H. Condamin, de Marseille.

De l'autre côté du chemin de la Panouze, la campagne de M. O. Salvator nous offre le rare spectacle d'un longue allée de cèdres. Sur un autre point, une cascade qui ne verse pas moins de 7.800 litres d'eau à la minute, précipite avec un fracas étourdissant ses ondes écumantes.

Sur la même ligne et en tirant sur l'Orient se dressent fièrement les tours féodales du manoir de M. E. Rondel, qui semblent lutter de hardiesse

avec le château voisin construit par M. P. Maurel.
et appartenant aujourd'hui à M. Numa Vidal. On
ne saurait imaginer un site plus enchanteur que
ces lieux où divers ordres d'architecture ont élevé
les différents monuments que nous venons d'énumérer. Sur un fond rapproché à la base. mais
fuyant à mesure qu'on s'élève, une colline boisée
étage ses fouillis de pins verdoyants, au-devant
les massifs de lauriers-roses forment sur le bord
des terrrasses une flexible barrière, au-delà de
laquelle ondulent dans la déclivité d'une plaine
mille fois accidentée, comme les flots pressés d'une
végétation luxuriante ; à l'extrémité de cette plaine,
dont le cercle s'étend à mesure qu'il s'éloigne,
étincelle la mer azurée avec ses îles aux collines
grises et se confondant avec l'horizon qui paraît
enchâsser ce splendide tableau.

Nous laissons, à regret, en descendant vers le
centre, la campagne de Régny, occupée aujour-
d'hui par les Religieuses de N.-D. de Sion et
dont nous avons eu occasion de parler plus
haut ; mentionnons au moins le chêne plusieurs
fois séculaire que l'on vient admirer dans cette
propriété. Le tronc de ce géant des bois mesure
au-delà de quatre mètres de circonférence, et ses
rameaux ont une envergure d'environ trente mètres.

Nous laissons encore l'ancienne campagne Tavernier, depuis, Espanet ; l'importante propriété
de M. Fémy, où une culture intelligente et hâtive
fait produire de plantureuses primeurs ; la pépi-

nière variée de Mme Blanc ; au-delà, les villas Roustan et Rossolin, puis la propriété au portail monumental de M. Goudard-Michel qui possède une ancienne chapelle domestique fort religieusement entretenue. Nous ne pouvons passer sous silence la campagne Gilly, aujourd'hui Dumas, qui s'étend vers la droite, dans le fond de cette plaine, remarquable par sa longue avenue de platanes. Tout auprès, se trouvent les propriétés Pélissier, Pâris, Lyon et Cayol, avec leurs productifs jardins maraîchers. Enfin, comme pour former une verte ceinture à l'église, s'échelonnent successivement les campagnes Carvin, Isnard, les villas Estrangin-La-Gardière et Roche, dont les bornes réduites renferment : bois de pins, bassins, bosquets, tout ce qui, enfin, réjouit la vue et rend aimable la solitude.

Sur l'autre côté du chemin de Cassis, en venant du Cabot, nous remarquons la nouvelle propriété Gillet, et au-dessous la villa *Excentrique*, justement dénommée pour ses bâtiments bizarres aux murs lézardés et tombant en ruine, le tout habilement dissimulé sur une construction moderne. Pour mieux jouer l'antique castel, des simulacres de canon garnissent les créneaux du haut donjon, sans inspirer grande terreur aux passants.

Nous arrivons de là à la villa Monget, que la symétrique régularité de ses plantations conifères, malgré ses étroites limites, rend une des plus gracieuses. On pourrait la surnommer la villa aux Magnolias, tant cet arbre exotique y prospère et s'y trouve avec prodigalité. Viennent à la suite les villas Canquoin, Agelasto, Jourdan-Brives ; celles plus étendues de M. Reynard et de M. A. Salvator, dont les grandes grilles donnent passage sur une double avenue bordée d'arbres de haute futaie.

Presque en face, nommons la villa Guérinaud, avec son parc toujours verdoyant et dont les confortables aménagements ont fait une opulente résidence ; la villa Pichaud, aux frais ombrages, la villa Jauffret-Guis dont la superbe grille en fer ouvre sur une longue allée de platanes, au fond de laquelle se dresse l'apparition de N.-D. de Lourdes dans son cadre de pierre, en tout semblable aux roches de Massabielle.

Si nous dirigeons ensuite nos pas vers le couchant, nous traversons la campagne de M. Hesse, dont le grand bosquet, la symétrique allée de pins-Parasol et les vastes serres faisaient déjà la gloire, quand aucune propriété de notre territoire ne possédait encore rien de semblable. Le château, autour duquel sont rangées de nombreuses statues en marbre qui ne sont pas sans mérite, fut habité en 1821 par le baron de Damas, général commandant la division militaire. Le célèbre ministre, prince de Talleyrand-Périgord, en fit sa résidence et vint s'y reposer des soucis de la politique durant l'hiver de 1825 à 1826. On montre sur le devant de la terrasse une rangée de cèdres dont la plantation fut dirigée par le Prince lui-même, durant sa villégiature à Ste-Marguerite.

C'est à M. Vidal, ancien propriétaire de ce riche domaine, que l'on doit la collection de nombreuses statues représentant des divinités païennes ou des allégories mythologiques. Ces marbres, la plupart fort remarquables, ont été distribués avec goût tantôt autour des diverses plantations du parc, tantôt sur le bord de pièces d'eau.

Tout auprès et dans la direction, du Midi, la villa de M. J. Lafon commande à une grande plaine calme et unie, où l'olivier forme, sur une double ligne, la bordure de vastes prairies. Une ombreuse avenue de maronniers conduit de la vaste terrasse qui contourne le château à un riant bois de pins, formant la limite méridionale de cette propriété.

Au-delà des villas de M. Bethford, de M. Courtot et de M. Wessel, qu'enserrent de verts bosquets les cimes altières qui s'élancent au Midi, d'un parc aux épais fourrés, nous révèlent la campagne de Surian Alfred. Là, se plaisait l'éloquent Berryer, en la compagnie de son illustre ami et collègue. Une simple haie d'aubépines à la fleur odorante, sépare cette campagne de l'élégante villa Massot, qu'on dirait ne former qu'un vaste domaine avec les villas de M. Chaponnière et de M. Taylor.

Nul n'aura passé à Ste-Marguerite sans remarquer le château monumental dont les tours paraissent défier la flèche hardie de l'église paroissiale, leur voisine.

En 1855 M. Plagniol en fit commencer les constructions sous la direction de M. Condamin architecte, qui en avait tracé le plan. C'est M. Gras, horticulteur de mérite, qui dessina les lignes des diverses plantations et des allées qui font de Vert-Pré, l'une des plus splendides villas de Ste-Marguerite. Une serre que l'on prendrait pour un féérique palais de cristal, renferme sous ses nervures de fer, un nombre infini de plantes rares et d'arbres exotiques les plus recherchés.

Les diverses statues allégoriques qui décorent les avenues révèlent la perfection et le fini de l'école italienne ; elles ont été apportées de Florence et sont appréciées au point de vue de l'art.

La chapelle domestique qui est dans l'intérieur du château, avec ses vitraux et ses brillantes décorations, n'en est pas le moindre ornement.

Vert-Pré est aujourd'hui la propriété de M. Georges Borelli, allié à l'honorable famille Plagniol.

Le touriste qui explorera le terroir du côté de St Tronc et du vallon de Toulouse, y découvrira encore des sites charmants, avec une culture fort soignée. Ce sont la villa la *Désirée* à M. Long, la somptueuse campagne de M. Lemée, avec ses plantations variées, la *Glacière* à Mme Boisson, le confortable chalet de M. Auci qui se cache sous de riantes touffes de pins, en face de la villa Canepa ; puis le riche domaine de M. Cohen, le parc classique de la propriété de M. de Ville-Wells, la propriété de M. Comte, etc, etc.

12

Arrêtons-nous, pour finir cette trop insuffisante nomenclature, à une propriété dont le nom réveille de touchants souvenirs. Elle s'appelle de nos jours encore, la campagne du Bon-Pasteur. Les prêtres de cette congrégation en avaient fait une maison de retraites pour les jeunes gens. Un bois de pins partant de l'habitation, s'étendait jusqu'aux collines et faisait de ces lieux une véritable solitude. Dans la maison tout était disposé pour porter aux réflexions sérieuses, des tableaux et des gravures placés çà et là, mettaient sous les yeux les mystères redoutables de la Religion et le souvenir des fins dernières. On sait les fruits de salut que bon nombre de jeunes gens vinrent cueillir dans cette campagne, sous l'influence des pieuses exhortations de saints prêtres.

Après la Révolution la campagne du Bon-Pasteur qui avait été confisquée, comme propriété nationale, fut rachetée par M. Baron, l'un des prêtres survivants de cette congrégation. Le zèle du vénérable M. Allemand vint se déployer dans ces lieux bénis, et renouer la chaîne du légendaire dévouement du Père Barre et des autres prêtres de cette société, dont la mémoire demeure en vénération dans l'Eglise de Marseille. L'un de ses derniers membres, M. Ripert, devenu supérieur du Petit séminaire, conduisait ses élèves à la campagne du Bon-Pasteur, pour y faire la retraite qui suit de près la rentrée des classes.

Ils y vinrent encore en 1828 et ce fut la dernière fois.

De nos jours la campagne du Bon-Pasteur appartient à M. Carrier.

Mentionnons encore sur ce point les gracieuses villas de M. Schlegel et de M. Cantini, longeant en face, le chemin de St-Tronc.

En prenant la traverse qui conduit au vallon de Toulouse, un peu au-delà du point où elle vient s'embrancher sur le chemin de St-Tronc, une sinueuse allée de platanes nous dirige vers le château de M. Honorat, aujourd'hui de M. Meiffren.

Nous laissons à droite et à gauche de fort belles campagnes, puis, après les propriétés de Mme Michel-Bourgarel, de M. Cauvet, de MM. Pastoret, dont l'allée des chênes mérite une mention spéciale, et quelques autres villas non moins remarquables, nous atteignons Val des Bois, magnifique domaine de M. Roulet, dont les terrains accidentés occupent en grande partie le versant des collines qui forment le vallon de Toulouse.

Revenant de nouveau au centre, près de l'église, nous traversons en face de Vert-Pré, les villas Gigandet et Baude, étroits mais gracieux nids de verdure et de fleurs où le cèdre et le platane dominant une variété d'arbres de moindre taille, dessinent des lignes sinueuses autour d'une grandiose maison d'habitation et nous atteignons au Midi, l'extrémité occidentale du territoire de Ste-Marguerite par une avenue bordée de lauriers-roses dans la campagne de Mme J. Borelli de Roux. Cette propriété où nous remarquons une fort belle allée de chênes verts, et au Nord du château, une vaste serre circulaire plantée de camélias aux nuances variées, forme le grand enclos qui s'étend jusqu'au point que nous venons de dire, le long du chemin de Mazargues, et qui était désigné autrefois sous le nom de clos de *Cazeaux*.

Les champs qui forment au Couchant la limite de cette propriété dépendaient autrefois de la campagne Pascal, ils étaient compris dans cette région que les anciennes chartes désignent sous le nom d'*Œil de Faucon*. Ce nom se rencontre depuis le XIIIe siècle et les actes de propriété qui sont entre les mains des possesseurs actuels de ces terres, les qualifient de la même sorte. Cette appellation tend à s'effacer des souvenirs, mais elle demeure jusqu'ici dans les actes de transaction ; nous la trouvons fréquemment dans les âges passés : *Planas Falconis*, 6 janvier 1299. *Acte notarié. Occulus Falconis ;* 9 avril 1311. (*ibid.*) *Œeil de Falcon ;* 8 octobre 1339. *Charte aux arch. munic. Valh de Falcon ;* 2 mai 1335. *Acte notarié. Oculum Falconis ;* 1529, *Reg. aux arch. de la Major. Œil de Faucon.* 1539 ; Acte d'*attermitage.* Enfin nous l'avons trouvé également désigné aux archives de la Préfecture, dans le *Tevadour* de 1666, Pag. 39-82-83.

Sur la rive gauche de l'Huveaune et près le pont de Ste-Marguerite se trouve la propriété de M. Renoux, connue sous le nom de Campagne Puget.

Selon la tradition, le célèbre sculpteur marseillais aurait habité ces lieux que les frais ombrages bordant la rivière ont dû rendre fort attrayants autrefois. Mais d'après les titres que nous avons pu consulter, grâce à l'obligeance du propriétaire actuel, la famille Puget aurait acquis ses droits de propriété seulement en 1701, c'est-à-dire sept ans après la mort de Pierre Puget. Un acte du 8 août 1701, Not^re Roquemaure, enregistre la vente d'une terre située près du pont de Ste-Marguerite, faite à Noble François de Puget par Mre François de Valbelle abbé de Montfuron, Infirmier de l'abbaye de St-Victor, en qualité de procureur d'Ill^me et R^me Mre Louis Alphonse de Valbelle, Evêque de St-Omer, Grand-Maître de l'oratoire du Roi, en qualité de tuteur et légitime administrateur de Mre Cosme Alphonse de Valbelle, fils et héritier de M. Léon de Valbelle Comte de Ribiers, Marquis de Moutfuron.

En 1771, le possesseur de ce domaine était J.-B^te Rodolphe de Puget, habitant à Marseille, rue de Rome, maison n° 1, isle 57.

Une transaction du commencement du XVIe siècle, réglant le service des eaux du béal, nous apprend que la campagne dont nous nous occupons appartenait à Noble François Guez. (1525 — *Not^re Raphaël d'Aix*).

Dirigeant nos pas vers le Levant qui nous reste à explorer, pour terminer le cercle qui trace nos limites, nous franchissons la grille qui ouvre sur la grande allée de la campagne de Mme Dromel,

près du pont de l'Huveaune; nous saluons en passant la belle statue de l'Ange, repoussant d'un
geste superbe l'influence perverse, venant du côté
du Couchant, inspiration chrétienne et symbolique
que relève le mérite de la sculpture et nous arrivons, par l'extrémité de la propriété, au chemin
qui conduit de Ste-Marguerite à St-Loup.

Nous terminons à regret ce rapide aperçu des-
criptif dont les bornes s'imposent à nos étroites
pages. Qu'il nous suffise de citer sur cette ligne
les campagnes Hélie, Bernich, D'alayer, Valescure,
la villa appelée depuis 1834 *La Pauline*, ancien
domaine de la famille Mossy, imprimeur, qui fut
pillée en 1815, et dont le Préfet Thibaudeau avait
fait sa résidence d'été, peu d'années auparavant :
enfin la *Sauvagère*, à Mme Veuve Jacques, ainé.
l'une des propriétés les plus riches et des plus
accidentées de Ste-Marguerite.

Ce vaste domaine occupe en grande partie le
territoire anciennement dénommé *Canto Perdrix* :
les derniers actes de possession en font foi. En
remontant vers le passé l'on trouve cette région
désignée comme il suit : *Plan de canto Perdrix;*
14 mai 1278. *Acte notarié. Canta Perdrix ;* 21 mars
1331. *Charte aux arch. Munic. Quanta Perdrix ;* 5
août 1339. *Charte aux arch. de la Major. Campte
Perdrix ;* 1614. *Acte d'attermitage. Cante Perdrix ;*
1790. *Cadastre.*

Le tènement des terres de *Canto Perdrix* était
sous la Directe de Jean Vivaud.

Aujourd'hui une partie du domaine de la *Sauvagère* emprunte sur le territoire dépendant de la paroisse de St-Loup et forme l'extrémité de notre limite.

CHAPITRE XI

APERÇU ARCHÉOLOGIQUE SUR L'ANCIENNE ÉGLISE
DE SAINTE-MARGUERITE. — CIMETIÈRE. — NOU-
VELLE ÉGLISE.

Nous avons dit dans la première partie de cet
ouvrage, que grâce aux largesses des moines de
Saint-Victor qui possédaient de vastes domaines
sur le territoire de la *Marguerite*, l'église du
quartier fut relevée de ses ruines vers le commencement du XI siècle, et devint peu après, la
propriété de ces religieux, en vertu de la donation qui leur en fut faite par l'Évêque Pons ii, en
1072.

Mais ce monument dont on peut avec toute
certitude faire remonter la fondation à près de
mille ans, a subi, depuis cette époque, de nombreuses modifications. Nous devons à M. Grinda
des notes savantes sur cet antique édifice qu'il a
soigneusement relevé au point de vue historique,
ainsi qu'une étude architectonographique sur la
nouvelle église, nous les prendrons pour guide en

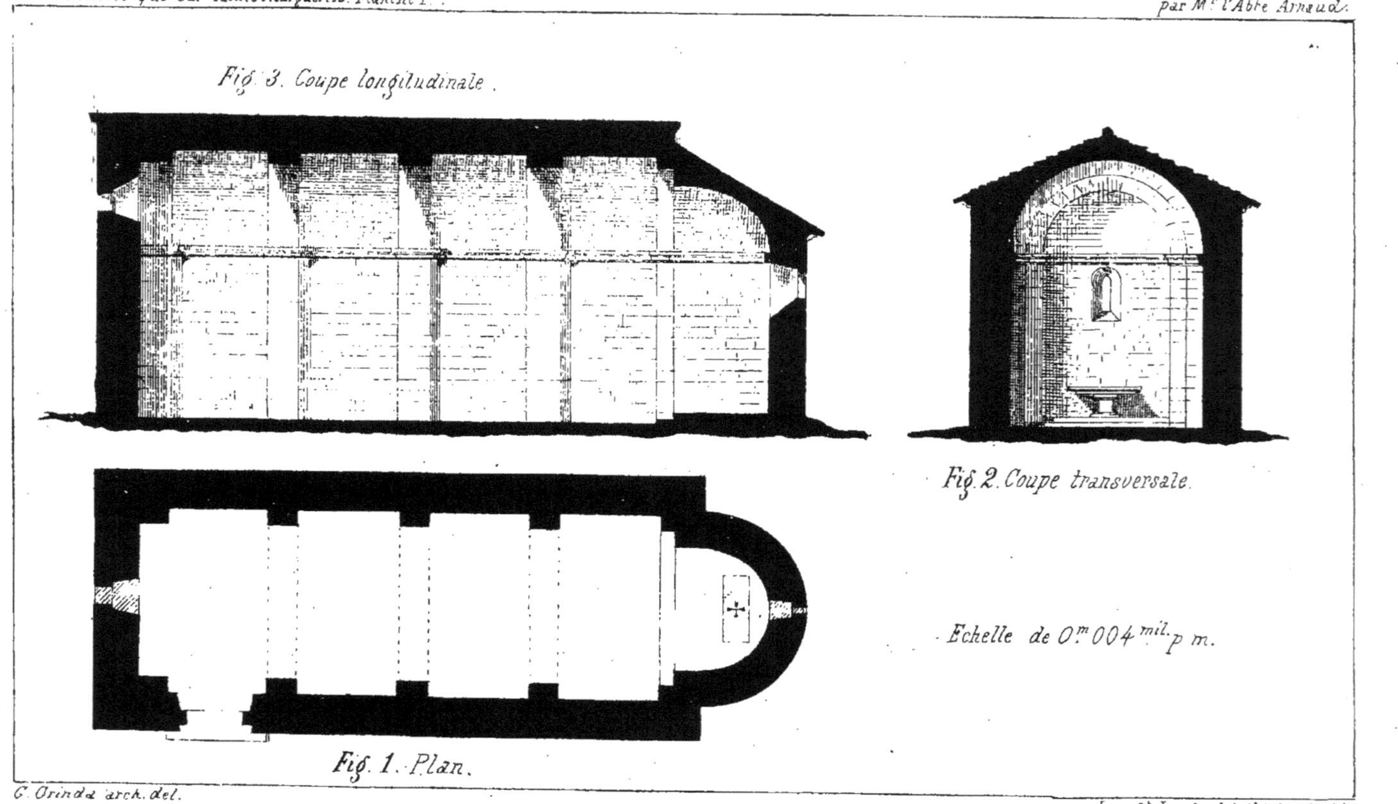

L'EGLISE AU XIeme SIÈCLE

retraçant l'histoire modeste de ces deux monuments, nous plaçant au point de vue purement archéologique.

Quant on entre dans le local qui sert actuellement d'école communale pour les garçons, on ne se douterait pas qu'on est en présence d'une construction du XIme siécle, dont il est fait mention dans les plus anciennes Chartes de Provence. Cependant si on l'examine attentivement, on distingue bien vite, pour peu que l'on possède quelques connaissances spéciales, trois époques distinctes que nous pouvons classer de la manière suivante :

1° Construction du XIme siècle.

2° Voûte du XVIIme siècle.

3° Sanctuaire du XVIIIme siècle.

§ I. *Construction du XIe siècle.*

L'église telle qu'elle fut élevée au XIme siècle et dont il reste les murs d'enceinte, se composait d'une nef voûtée en berceau plein-cintre renforcé par des arcs doubleaux. Des piliers, faisant fonction de contreforts intérieurs supportaient ces arcs doubleaux et divisaient la longueur de la nef en quatre travées égales. La longueur dans œuvre de l'église était de 16 m. 50 c. sa largeur entre les murs latéraux de 6 m. 40 c. Les piliers ou contreforts intérieurs avaient 1 m. de largeur et 0 m. 50 c. de saillie sur le nu du mur, dont l'épaisseur était

en moyenne de 1 m. 20 c. sur tout le pourtour de la nef. La hauteur sous clef de voûte,
autant que le sol exhaussé permet de la préciser,
était d'environ 7 m.

Une abside semi-circulaire voûtée en cul de four,
devait très-probablement clôre l'enceinte, du côté
de l'Orient.

Bien que les transformations postérieures aient
fait disparaître les traces de cette abside, plusieurs
raisons nous autorisent à admettre son existence
et nous font juger qu'elle était en hémicycle plutôt que carrée.

En effet, ainsi que nous le dirons plus loin,
dans le commencement du XVIIIme siècle, l'église
fut désorientée, c'est-à-dire que le sanctuaire, qui se
trouvait originairement du côté du Levant, fut
transporté au Couchant, et la porte d'entrée s'ouvrit alors sur la place qu'avait occupée l'abside
primitive.

Nous avons retrouvé des documents de l'époque
mentionnant ces diverses transformations. Au reste
les traditions locales que nous avons pu recueillir
des personnes les plus âgées, ont transmis jusqu'à
nos jours, le souvenir de ces dispositions primitives.

Maintenant, si l'on examine le mur fermant actuellement la nef au Levant, on remarquera que cet
ouvrage, ayant environ la même épaisseur que les
murs latéraux, est construit sans appareil, en blo-
cage de moellons bruts, renfermant des déchets.

de pierre, (pierre de La Couronne), la même qui a
été employée pour les divers travaux exécutés
dans l'église et ses annexes au XVIIIme siècle. Ce
dernier fait suffirait, à lui seul, pour prouver que
ce mur n'est pas antérieur à cette dernière époque,
alors même que l'examen de la maçonnerie ne
trahirait pas la date de sa construction.

Or, si l'église avait été primitivement terminée
par une abside carrée, il aurait suffi de percer
une porte dans ce mur plat pour en faire la nouvelle entrée, sans le démolir pour le reconstruire
à la même place, et à peu près dans les mêmes
dimensions.

Si au contraire nous admettons l'existence
d'une abside ronde, pour changer la direction de
l'église, il devient nécessaire d'abattre cette abside
et de fermer ce côté de la nef par un mur droit,
dans lequel devait s'ouvrir la porte d'entrée.

Au surplus les fouilles que nous avons fait
pratiquer en avant de cette porte, sur l'emplacement correspondant à l'abside, ont mis à découvert
des substructions anciennes, et ont montré aux
alentours un sol creusé sur une profondeur de
2 m. 50 c. jusqu'au terrain primitif, avec un mé-
lange de matériaux et de décombres de toutes
sortes.

D'autre part, il nous paraît vraisemblable que
notre église ne différait point des similaires de
cette époque, lesquelles, sauf de rares exceptions
comportent des absides rondes. Sans sortir du ter-

ritoire de Marseille, nous pouvons citer l'église du Rouet et celle de N.-D, de l'Assomption à St-Marcel.

Une disposition dont nous n'avons pas à rechercher les raisons, mais qui semble, au XIe et au XIIe siècles, avoir été adoptée comme règle générale, c'est que parmi les églises de notre région remontant à cette date, le plus grand nombre ont leur porte primitive ouverte sur le côté du Midi, et vers le bas de la nef. Il nous suffira de citer l'ancienne cathédrale (*la Major*), l'église de St-Laurent, de St-Giniez, de N.-D. de l'Assomption à St-Marcel (1), de Ste-Marthe à Tarascon, de St-Marcelin de Boulbon, de Laurade. Dans le Var : la cathédrale de Fréjus, les églises de Solliers, du Pland'Aups, d'Ollières, et d'autres encore dans les départements de Vaucluse et des Basses-Alpes.

A cet égard le monument que nous étudions n'était point disposé autrement. La porte d'entrée se trouvait originairement au milieu de la dernière travée, sur le mur méridional. Les traces que l'on découvre en cet endroit et qui apparaissent jusque sur les enduits de ce mur ne laissent aucun doute sur la place qu'occupait cette porte. (*Voir planche I, figure* I).

(1) La notice sur l'église de St-Marcel qui a été communiquée en langue provençale, au concours de Forcalquier, au mois de septembre 1875, et qui a obtenu une médaille de vermeil, est la première partie d'un important et intéressant travail que rédige actuellement M. Grinda, ayant pour titre : « Histoire de l'Église du Château et du village de St-Marcel. »

Fig. 3. Coupe longitudinale.

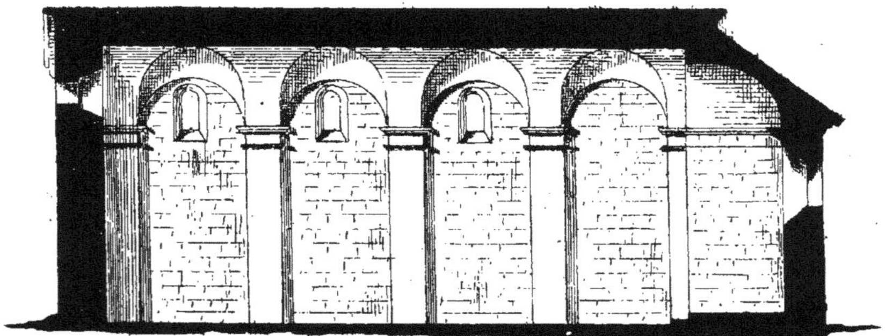

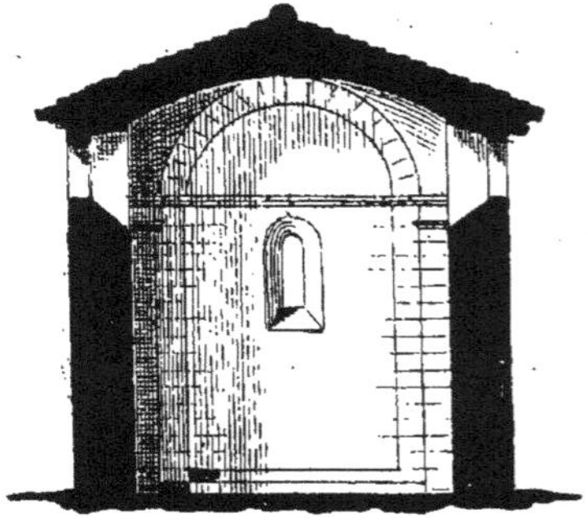

Fig. 2. Coupe transverale.

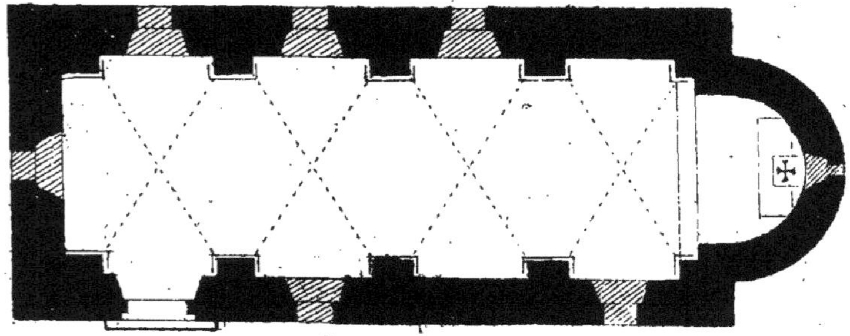

Fig. 1. Plan.

Echelle de $0^{m.}004^{mil.}$ p mètre.

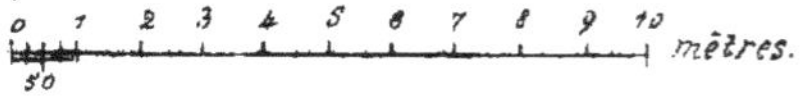

G. Grinda arch. del. *Imp. St Joseph. et Lith. du Midi*

L'EGLISE AU XVIIeme SIÈCLE

Il nous reste a dire un mot des fenêtres, pour compléter la physionomie primitive du bâtiment. Les modifications considérables qu'il subit au XVIIe et au XVIIIe siècles, on fait disparaître les traces des fenêtres et nous sommes portés à croire qu'il n'en avait point sur les murs goutteraux. Une ouverture percée sur l'axe de l'abside et un *Oculus* au couchant, devaient seuls laisser pénétrer dans l'intérieur les premiers et les derniers rayons du Soleil.

En ceci encore, notre église se trouvait dans les conditions de celles qui furent élevées vers la même époque et dont les rares baies étaient disposées sur l'axe de la nef, comme nous venons de le dire.

Telle était selon les données expérimentales et les restes importants de construction qui demeurent encore, l'église de la *Marguerite* quand elle devint, en 1072, la propriété des moines de Saint-Victor.

§ II. *Voûte du* XVIIe *siècle.*

Il serait difficile, faute de documents écrits, de dire les motifs qui firent remplacer la première voûte de notre église, par celle qui demeure encore et qui paraît ne pas remonter au-delà de 1600.

Une inspection attentive de l'édifice semble indiquer que le couronnement des murs latéraux date également de cette époque.

Il est possible que sous l'action de la poussée de la voûte en berceau, les murs de la nef dont les dimensions auraient dû pourtant garantir les bonnes conditions de stabilité, mais que le défaut d'entretien avait pu endommager gravement, ayant cédé, la voûte menaçât ruine.

Cette hypothèse paraît admissible par le fait de la reconstruction du couronnement des murs sur le pourtour et l'inclinaison sensible qui fait sortir de la perpendiculaire le mur méridional de l'église, le long duquel nous trouvons deux contreforts extérieurs, tandis qu'il n'en existe aucun du côté opposé.

Peut-être aussi la nécessité de laisser pénétrer une lumière plus abondante dans l'intérieur mal éclairé de la nef, et la difficulté d'ouvrir des fenêtres sous la naissance de la voûte qui les eût projetées plus bas, contribuèrent-elles également à faire adopter la mesure radicale de renverser l'ancienne voûte plein-cintre. Cette combinaison en effet permettait d'ouvrir des fenêtres dont les appuis ne devaient pas se trouver à un niveau inférieur à la naissance de la voûte primitive.

Nous ne saurions affirmer si une seule de ces raisons suffit pour justifier les importants travaux qui furent adoptés à cette époque, ou si toutes deux réunies, elles en hâtèrent la conclusion. Toujours est-il que la démolition ayant été accomplie, l'ancienne voûte romane fut remplacée par une nouvelle voûte à croisillon, tracée sur un arc sur-

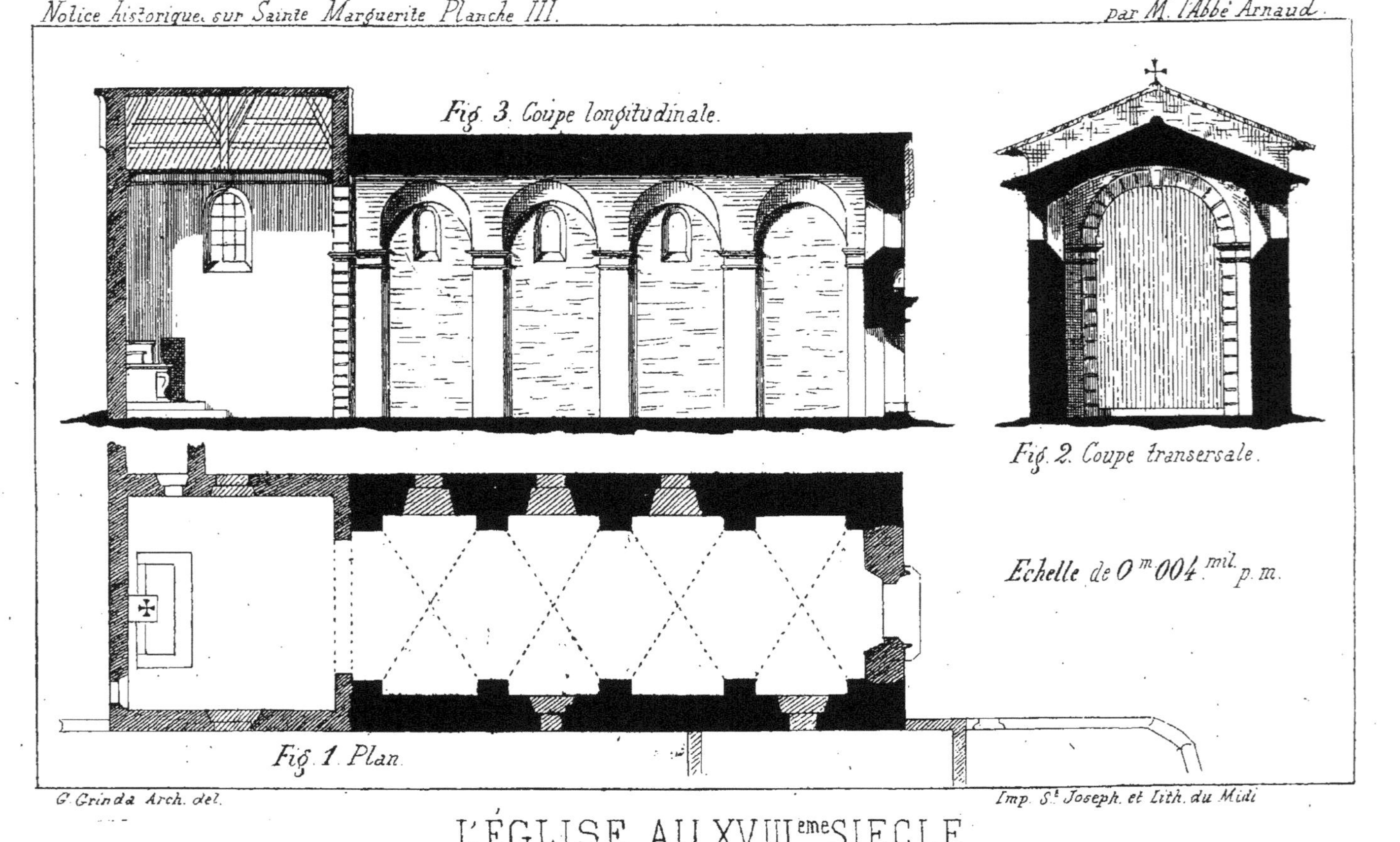

L'ÉGLISE AU XVIIIème SIECLE.

baissé dont les arêtes diagonales correspondent aux angles saillants des piliers. (*v. planche II. fig. III.*).

Un simple cordon avec astragale en forme de chapiteau, vint décorer les piliers.

Un massif de maçonnerie reposant directement sur les reins de la nouvelle voûte porte la toiture en tuile creuse, sans l'intermédiaire d'une charpente. (*v. planche II fig.* II).

Des fenêtres de 1 mètre 65 c. sur o.mètre. 90 c. de largeur placées sous les formerets, éclairèrent le vaisseau sans que nous puissions dire si les ouvertures qui se trouvaient précédemment sur l'axe de la nef furent fermées à cette occasion.

Le sanctuaire formé par l'abside et les autres parties de l'église ne subirent aucune modification et demeurèrent ce qu'ils avaient été depuis environ six cents ans.

§ III. *Sanctuaire du* XVIIIe *siècle.*

Notre église ne devait pas cette fois demeurer aussi longtemps sans subir des mutilations encore plus déplorables que les précédentes. Cent ans environ plus tard, (1732) cette enceinte ne suffisant plus à la population dont le chiffre avait notablement grossi, l'on décida son aggrandissement et ce motif détermina une modification, qui bouleversa complètement ses dispositions primitives.

L'antique et symbolique tradition de l'orientation, des églises souvent négligée depuis plus de deux siècles, fut une fois de plus méconnue ici. Pour aggrandir la nef on voulut ajouter un sanctuaire plus vaste que l'ancienne abside ; dans cette fin on prit sur le terrain qui s'étendait au couchant de l'église, la place nécessaire à cette construction. Le mur qui fermait ce côté de la nef fut renversé et l'on éleva à sa place un grand arc de forme surbaissée comme la voûte, et décoré de refends. C'était l'entrée du nouveau sanctuaire qui mesurait 7 mètres 20 c. de profondeur et 7 mètres 75 c. de largeur. Du côté opposé, l'ancienne abside démolie fut remplacée par un mur plat, dans lequel s'ouvrit la nouvelle porte d'entrée surmontée d'une fenêtre, le tout dans le goût du temps. (*V. Planche* IV).

Par suite de ces innovations, que la plus indispensable nécessité ne parvient pas à justifier au point de vue de l'art, l'église fut désorientée et la porte d'entrée qui était sur le mur méridional fut fermé. (*Voir* III *figure* I)

Sur ce dernier côté on peut voir encore le contraste du nouveau mur d'annexion en pierres de La Couronne, sur l'angle du mur du XIme siècle, avec ses arêtes vives et son appareil en bossage.

On aura remarqué par les dimensions que nous venons de donner, qu'à l'intérieur le nouveau sanctuaire est plus large que la nef, quoique au dehors le nu du mur se trouve sur le même alignement, cela vient de la différence d'épaisseur des murs

Le sanctuaire n'étant pas voûté mais simplement plafonné il était inutile de construire des murs aussi forts que les anciens : on leur donna o m. 65 c. d'épaisseur, ce qui suffisait, au lieu de 1 m. 20 c. Par ce fait le sanctuaire annexé mesurait en largeur 1 m. 35 c. de plus que la nef. Le plafond était à la même hauteur que le sommet de l'arc ; on ouvrit sur chacun des côtés une fenêtre plein cintre plus large et plus haute que celle de la nef (*Voir planche* III *figure 3*).

Cette adjonction à la vieille église était recouverte par une toiture sur charpente, dépassant un peu celle de la nef. Un presbytère fut construit à la suite du sanctuaire, au couchant, sur la place qui avait jusqu'à ce temps précédé l'entrée de l'église, mais qui n'ayant plus sa raison d'être quand la porte fut transférée au levant, devint le jardin du presbytère.

Ces divers travaux furent entrepris en 1732 ; suspendus durant quelques années par défaut de ressources, ils furent repris et menés à bonne fin en 1738.

Un simple exhaussement du mur occidental de l'église en forme d'arceau, au milieu duquel était suspendue la cloche servit de campanile. Ce n'est qu'à une époque récente (1835) qu'un clocher carré sans caractère et de forme banale a été édifié sur le flanc septentrional du sanctuaire ; une porte dans la tour fut adoptée comme entrée auxiliaire dans le sanctuaire (*V. Planche* V).

Il ne reste plus rien de ces deux derniers édifices ; ils ont été démolis vers l'époque où la vieille église a reçu les appropriations qui en ont fait l'école pour les garçons et le logement pour les instituteurs. Le jardin du presbytère a été annexé au terrain du cimetière, et la place du presbytère sert de cour à l'école.

On ne saurait s'empêcher de regretter la décision qui amena cette transformation ; heureusement que dans cette substitution aucune mutilation nouvelle n'est venue dénaturer l'antique édifice religieux, et il reste l'espérance qu'un jour ce vénérable monument, si digne d'être conservé, rentrera dans la destination qu'une durée d'environ dix siècles avait consacrée et qui aurait dû le rendre inviolable.

Cimetière

Suivant un ancien usage généralement pratiqué, le cimetière précédait l'église, ou bien se trouvait à son chevet. Avant le XIIe siècle, les lois ecclésiastiques portaient interdiction de donner la sépulture dans l'intérieur même des églises ; c'était aux premiers siècles de l'ère chrétienne, sous le porche, ou vestibule des Basiliques, que l'on déposait les corps des Empereurs, des Evêques et autres personnages marquants (1).

(1) Eusèbe lib. IV. Cap. LX. *De vita Constantini.*

De nos jours à Ste-Marguerite, le cimetière se trouve encore à l'extrémité occidentale de l'ancienne église ; primitivement il a dû être enfermé dans l'angle que formait la place précédant l'entrée de l'église, contre le mur de la propriété de M. Hesse ; il s'est agrandi successivement et à des époques diverses, à mesure que la population du quartier s'est développée.

Ce qui n'était d'abord qu'une faveur concédée aux grands personnages et dans de rares circonstances, devint plus fréquent dans la suite ; les sentiments de Foi qui animaient les populations, firent concevoir le désir pieux de reposer après la mort, dans l'intérieur des temples chrétiens. L'histoire de nos vieux édifices religieux atteste ce fait et ceux-ci perpétuent dans le marbre ou la pierre des monuments tumulaires qu'ils renferment, les noms des diverses familles ayant fait élection de sépulture dans l'enceinte sacrée. (1)

L'Eglise elle même se plut à marquer sa reconnaissance vis-à-vis de ses principaux bienfaiteurs en recueillant leurs cendres avec respect et en leur donnant une place d'honneur.

Notre ancienne église ne conserve plus à l'intérieur aucune inscription funèbre, mais nous savons par des documents authentiques, que des caveaux y avaient été disposés, dans lesquels on déposait les défunts ; seulement leur étroite dimension néces-

(1) Voir C. Bousquet. *Monographie de la Major*. P. 199 et suiv.

sitait fréquemment l'enlèvement des restes, pour faire place aux nouveaux défunts honorés de cette sépulture. Ces restes recueillis avec respect étaient déposés dans le cimetière dont nous avons parlé. L'on comprend les inconvénients, au point de vue de l'hygiène, qui devaient être la conséquence de pareilles opérations. Ils furent de telle nature qu'une délibération de tous les possédants biens du quartier, en date du 2 avril 1767, interdit ce mode de sépulture. Nous lisons en effet dans ce document : « Il resterait à réparer les tombeaux « qui sont si dégradés que l'infection est réelle- « ment nuisible ; sur lequel objet, les marguilliers « auraient cru devoir représenter à l'assemblée « que cette dégradation est si considérable et « exposerait à une si grande dépense, qu'il convien- « drait encore mieux de l'abandonner, en supplé- « ant par l'agrandissement du cimetière, ce qui « paraîtrait convenir à l'humilité à laquelle la « plupart des fidèles semblent incliner, vu d'ail- « leurs que l'église du quartier n'étant point Paroisse « aucun possédant biens n'y a droit de sépulture « particulière, fondée en titre. Lequel agrandisse- « ment du cimetière peut aisément se faire sur « la place que le quartier se trouve avoir, avant « le chemin, au côté du dit cimetière, au moyen « de quoi, au lieu de réparer les caveaux, il n'y « aurait plus qu'à faire enlever les ossements, qui « seraient transportés au cimetière, et ainsi vidés, « il n'y aurait qu'à les combler et carreler les

« ouvertures au niveau de l'église. Sur quoi il a
« été délibéré de donner pouvoir aux dits sieurs
« Marguilliers, au lieu de faire réparer les caveaux
« des tombeaux, d'en faire enlever les ossements
« et ensuite de les faire combler et pour suppléer
« aux dits caveaux, il leur est donné pouvoir
« d'agrandir le cimetière sur l'emplacement que le
« quartier se trouve avoir à côté du dit cimetière,
« sur l'avant du chemin traversier, qu'ils feront
« clore de murailles et en observant de remplir les
« règles de l'Église. » (1)

La délibération d'où nous avons tiré ces lignes
est signée entre autres noms, des suivants : Drogoul, officier d'artillerie ; de Rosinville ; Lambert ;
P. Abeille ; B. Cornet, consul de la République
de Venise.

Ces travaux furent promptement exécutés puisque le 11 mai suivant, les inhumations commen-
cèrent à se faire dans le cimetière, et elles ont
continué depuis, sauf une exception en 1776 en
faveur de Mre Feuillée, décédé Prieur desservant
de Ste-Marguerite, auquel on fit l'honneur de la
sépulture dans le sanctuaire de l'église.

Le dernier agrandissement du cimetière a eu
lieu en 1867; son enceinte occupe aujourd'hui une
surface d'environ quatre cent cinquante mètres
carrés, et suffit rigoureusement pour attendre la
période quinquennale, que la loi requiert, avant

(1) Archives Paroissiales.

l'ouverture des anciennes fosses ; mais cet état des choses y rend impossible toute concession de terrain au-delà de cinq ans, et par suite ne peut permettre aucune construction de tombeaux.

NOUVELLE EGLISE

La nouvelle église de Ste-Marguerite, dont la construction fut commencée en 1850, a été jugée comme l'une des plus belles entre toutes celles qui ont été élevées dans la banlieue de Marseille; nous pouvons même dire qu'elle tiendrait un rang des plus honorables parmi les églises de la cité. Elle est principalement remarquable par l'ampleur et la bonne harmonie de ses proportions. La longueur totale de l'édifice est de 40 m., sur 18 m. de largeur. La grande nef mesure 8 m. 80 c. de largeur sur 16 m. de hauteur ; les nefs latérales ont 3 m. 60 c. de largeur sur 8 m. 40 c. d'élévation.

C'est le style roman qui a inspiré l'architecte (1), dans la composition de l'ensemble et la disposition des détails.

La nef principale voûtée en berceau plein-cintre repose sur des colonnes monocylindriques, ayant 6 m. d'élévation, qui la séparent des bas côtés. Des arcs doubleaux reliés entre eux, à la naissance

(1) M. Charles Bodin.

[illegible]
[illegible]
[illegible]
[illegible]

[illegible]
[illegible]
[illegible]
[illegible]
[illegible]
[illegible]
[illegible]
[illegible]
[illegible]
[illegible]
[illegible]

[illegible]
[illegible]

[illegible]
[illegible]

Notice historique sur sainte Marguerite.
par Mr l'Abbé Arnaud.
Échelle de 0m,004 mil. p. mètre
G. Grinda Arch. del.
Imp. St Joseph et Lith. du Midi.
PLAN DE LA NOUVELLE ÉGLISE DE Ste MARGUERITE.

du cintre par un cordon très-ornementé, retombent sur un assemblage assez original de colonnettes et de pilastres portés par un corbeau.

Les archivoltes des bas côtés sont en plein cintre et divisent la longueur de la nef en cinq travées égales ; elles sont soutenues par les puissants chapiteaux des fortes colonnes dont nous venons de parler.

Quant aux bas côtés, ils sont voûtés en croisillon.

Un chœur de plus de 7 m. de profondeur et disposé en forme de transept, précède le sanctuaire élevé un peu au-dessus et dont l'hémicycle de l'abside ferme la nef à une profondeur de 6 m.

Des absides ayant un moindre développement terminent également les bas côtés à chacune de leur extrémité ; elles sont comme celle de la nef principale voûtées en cul de four.

Un *Pronaos* ou vestibule, précède la nef, et au-dessus a été ménagée une large tribune avec cordon ornementé. Elle est soutenue par un archivolte extradossé, reposant sur des colonnes géminées et flanqué de deux arcs de moindre importance.

Les bas côtés sont éclairés par une fenêtre percée dans l'axe de chaque travée, tandis que la grande nef n'a pas de jours supérieurs et reçoit la lumière seulement par une triple fenêtre ouverte sur la façade principale, et deux rosaces sur les façades du transept.

Ces dispositions permettent à la lumière de se

répandre dans l'intérieur du vaisseau, d'une façon très-harmonieuse ; la voûte de la grande nef demeure dans une pénombre d'un excellent effet et contribue à donner à cet intérieur ce caractère mystérieux et dévotieux tout à la fois, que l'on se plaît à retrouver dans les anciennes églises romanes.

La façade principale, quoique inachevée encore dans les détails, ne laisse pas que d'être correcte et elle s'impose par la régularité de ses lignes. Un porche à plusieurs archivoltes concentriques soutenus par des colonnettes, s'élève sur un perron de plusieurs marches. Deux arcs-boutants appuyés sur les bas côtés feignent d'épauler les voûtes de la grande nef.

Cette disposition fort pittoresque et qui plaît à l'œil est au moins singulière au point de vue architectonique, car ces arcs-boutants sont placés aux seuls points où leur fonction est absolument inutile.

Il serait à désirer que des réparations fussent faites à cette façade dont les enduits sont en assez mauvais état. Disons également que la perfection intérieure du monument semble réclamer à juste titre l'achèvement du dehors. Le vœu unanime de la population trouverait satisfaction dans les travaux complémentaires qui restent à faire sur cette façade, et qui viennent d'être demandés à la municipalité.

Au chevet de l'église et sur l'axe de l'abside à été construit un élégant clocher dont la flèche aigüe, surmontée d'une croix, s'élève à 30 m. au-dessus du sol et domine le massif de grands arbres qui encadre gracieusement l'édifice.

Tel est dans son ensemble. l'aspect que présente notre nouvelle église ; pour compléter cette description il nous reste à dire un mot de l'ornementation intérieure, qui est d'un très-bon style.

Divers membres de moulure sont décorés d'ornements sculptés, empruntés au roman provençal.

Les imposants chapiteaux des colonnes cylindriques offrent au regard étonné une ornementation composée de chimères et d'animaux fantastiques combinés avec des lignes géométriques et des feuilles décoratives, dont le fouillé et la perfection artistique accusent un ciseau de maître.

Les archéologues reconnaissent là le caractère de cette sculpture que les imagiers du XIIe siècle élevèrent à un si haut degré de perfection en y ciselant les formes bizarres de leur brillante imagination. Mais c'est principalement dans le chœur et dans le sanctuaire que nous retrouvons les vraies traditions de l'art roman.

Sur les chapiteaux qui surmontent les pilastres du transept, ce n'est plus l'imagination seule qui a dirigé le ciseau du sculpteur, mais la connaissance du symbolisme consacré par l'iconographie des anciens âges.

Ici sont en effet reproduites diverses scènes de l'ancien Testament : sur les chapiteaux de l'arc triomphal, à l'entrée du chœur nous voyons, à droite, le sacrifice d'Abraham et à gauche, Daniel dans la fosse aux lions ; dans le fond, à la naissance de l'abside, d'un côté les envoyés de Moïse rapportent de la Terre promise une colossale grappe de raisin, et de l'autre côté le législateur des Hébreux présente au peuple les tables de la Loi.

La Sainte Patronne de l'église ne pouvait être oubliée ; une place d'honneur lui a été réservée et diverses scènes de sa vie et de son martyre se déroulent autour des chapiteaux des colonnes du sanctuaire.

Sur le développement de l'abside, à la hauteur du cordon, se dessine en relief une arcature d'une riche ornementation occupée par les statues des douze Apôtres, au centre desquels figure le Sauveur, dont la tête se détache dans un nimbe d'or.

Sans sortir du cadre que nous impose cette simple notice, il nous sera permis de dire ici, combien il est regrettable que dans un monument d'une telle importance, et avec la richesse de détails qu'il comporte, la construction matérielle ait été si fort négligée !

A notre époque, l'on ne bâtit plus pour les siècles à venir et la plupart des monuments religieux que nous élevons seront impuissants à braver les injures du temps, s'ils échappent, hélas ! aux outrages des révolutions.

Deux plaques en marbre, remplissent le centre de l'arc qui surmonte les portes latérales, sous la tribune, et perpétueront les noms des souscripteurs et des bienfaiteurs de l'église. Sur la première de ces plaques, on lit ce qui suit :

La mémoire de l'homme de bien sera éternelle. (Ps. III).

SOUSCRIPTEURS

A LA NOUVELLE ÉGLISE DE SAINTE-MARGUERITE

1850

MM. Dalmas, curé.
» de Greling.
» Goudard.
» Borelli de Roux.
» Espanet.
» Pastoret.
» Régny de Bernadac.
» De Voulx.
» Courtot.
» Magnan.
» De Surian, Alfred.
» Jacques.
» Dromel.
» Aubert.
» Luce, frères.
» Taix, Aimé.
» Hesse.
» Lafon.
» Rostan, Bruno.
» Régis, ainé.
» Fabre. César.
» Roustan, fils cadet.

MM. De Surian, Gustave.
» Duvernay.
» Paban.
» Bodin, architecte.
» Sage.
» Baude, avocat.
» Gilly.
» Lombardon.
» Routier.
» Des Autels.
» Parrot.
» Roman, Esprit.
» Tempier, commandant.
» Mauran.
» Rossollin.
» Allègre
» Drougnon.
» Céaly.
» Paul.
» Escalon, née Amphoux.

La plaque de gauche porte cette inscription :

Seigneur, j'ai aimé la beauté de votre maison (Ps. xxv.)

BIENFAITEURS

DE L'ÉGLISE DE SAINTE-MARGUERITE.

MM. Taurel, curé.
» Grandval, Joseph.
» Salvator.
» Rocca, Joseph.
» Morel, Amédée.
» Plagniol, Casimir.
» Pichaud.
» Barile, Jules.
» Allard, J.-B.
» Ansaldy.
» Gigandet.

MM. Maurel, Prosper.
» Reymonet.
» Dor, Marius.
» Rostan, (veuve).
» Mourard, Eugène.
» Girondy, Joseph.
» Hodoul, Joseph.
» Jauffret, Barthélemy
» De Giraud d'Agay.
» De Ville-Wells, Ch.

CHAPITRE XII

SUCCESSION DES DESSERVANTS ET RECTEURS. — DES VICAIRES. — DES MARGUILLIERS. — DÉSIGNATION DES CHEFS DE FAMILLE DE SAINTE-MARGUERITE EN 1697.

1° *Prêtres desservants.*

MM. Guérin, Jean-Baptiste (il était en fonction en 1696 jusqu'en 1700).
» Blanc, Joseph, de 1700 à 1706.
» Gagnard, Pierre, de 1706 à 1710.
» Nicolas, de 1710 à 1716.
» Taxil, Pierre, de 1716 à 1722.
» Garrus, de 1722 à 1729.
» Bonnaud, Simon, du 18 juin au 5 juillet 1729.
» Fouque, 1729 (juillet). N'exerce pas, il se retire après avoir pris possession de son titre.
» Damian, de 1729 à 1730.
» Guigues, Jean, de 1730 à 1733.
» Pelsc, du 15 mars à juillet 1733.
» De la Garenne, Sébastien-Sanson, de 1733 à 1735.

MM. Blanc, Jean-Joseph, de 1735 à 1749.
» Joseph, Pierre, de 1749 à 1759.
» Feuillée, Joseph, de 1759 à 1776.
» Bernard, de 1776 à 1792.
» Achard, (vicaire constitutionnel), du mois de mars au mois de décembre 1792.
» Brouchier, de 1793 à 1803.

2° *Curés-Recteurs*.

MM. Vial, Jean-Baptiste, de 1803 à 1815.
» Vidal, de 1814 à 1819.
» Mourre, Pierre-Bernard, de 1819 à 1831.
» Prou, Marius, de 1831 à 1840.
» Dalmas, Marc-Antoine-Marie, de 1840 à 1853.
» Taurel, Barthélemy, de 1853 à 1873.
» Arnaud, Eugène, (janvier 1873).

3° *Vicaires de Ste-Marguerite*.

MM. Louche, Jules, 1856.
» Escoffier, Thomas, de 1856 à 1859.
» Camoin, Martial, de 1859 à 1860.
» Aycardy, Louis, de 1860 à 1863.
» Solary, François, de 1863 à 1864.
» Plane, Antoine, de 1864 à 1869.
» Brusco, Josph, de 1869 à 1871.
» Roque, Charles, 1871.
» Guigou, Joseph, de 1871 à 1873.
» Guérin, Louis, de 1873 à 1876.
» Roque, Aimé, 1873.
» Fouque, J.-B., 1876.

4° Marguilliers bourgeois avant la Révolution (1)

1696 MM. Mazerat et Leroy.
1698 » Lemère.
1710 » Magalon et Fouquier.
1711 » Gilly et Aillaud.
1712 » Décugis procureur, et Audibert.
1713 » Martin, Jean-Baptiste, et Audibert.
1714 » Beau et Reynaud.
1715 » Teissère et Ribiers.
1716 » Mérentier et Nivière.
1717 » Eydin et Abeille, P.
1718 » Daupin et Peyron.
1719 » Martin, Rodolphe et Oraison.
1720 » Magy et Eysseric.
1721 « Dourdré et Borelly Luc.
1722 » De Callabre et Paillet.
1723 » Prat et Moysson.
1724 » Deydier et Reynaud,
1725 » Boyer et Presquain.
1726 » Marion et Pélissier.
1727 » Granger et Colavier.
1728 » Rougier et Teissère.
1729 » Magalon, ancien Echevin, et Hermitte.
1730 » Olive et Chandre.
1731 » D'Albertas de Jouques et D'Auvergne.
1732 » De Remusat ancien Echevin et Michel.

(1) Nos archives ne renferment que très-incomplètement la
suite des Marguilliers villageois. Ceux-ci étant illettrés, le plus
souvent, leurs noms ne figurent pas dans les registres.

1723 MM. De Bovignan et Fagot.
1734   »   Teissère et Durbec.
1735   »   Bérardi et Masse.
1736   »   Poncy, notaire et Laurier, capitaine de
            vaisseau.
1737   »   Lemère et Teissère.
1738   »   Martin Jean-Baptiste et Fabre.
1739   «   id.   et Massaillet.
1740   »   Bernard et Royère.
1741   »   Aillaud écuyer et Vian.
1742   »   De Saboulin et Gleise.
1643   »   Eydin et Barthélemy.
1744   »   Bcau et Jacquet.
1745   »   Dubellis et Conte.
1746   »   Leroy, négociant et Chabaud, chirurgien.
1747   »   Fouquier et Reynier.
1748   »   Isnard-Carraire et Chandre.
1749   »   Puget de Prat et Galicy.
1750   »   Cousinéry et Guasquy.
1751   »   Borelli Denis, ancien échevin et Jaubert.
1752   »   Boyer J. ancien échevin et Agnel.
1753   »   Magalon R. et Veyrier.
1754   »   Martin H. et Coignet.
1755   »   Thulis et Gautier.
1756   »   Isnard B. et Antoir.
1737   »   Deidier et Aubert, notaire.
1758   »   Hazard, notaire et Tavernier.
1759   »   Cadière, avocat et Caillol.
1760   »   Rolland, et Fouque, négociants.
1761   »   de Godet du Peret et Teissère.

1762 MM. de Samatan, ancien échevin et Raché.

1763 » Long, négociant et Chabaud.

1764 » d'Oliéres de Luminy, colonel de cavalerie et Louvet.

1765 » Cornet. Consul de la république de
Venise et Ysséric.

1766 » Drogoul, ancien officier d'artillerie. et
de Rosainville.

1767 » Aillaud, écuyer et Lambert.

1768 » Isnard, archivairc de la Chambre de Commerce et Germain.

1769 » de Borély, ancien capitaine de cavalerie
et Second.

1770 » Carraire, négociant, et Abeille P.

1771 » Reynaud, Pierre. baron de Trest, et
Evrard.

1772 » De Villeneuve-Bargemont, chanoine de
St-Victor, et Gueira. négociant.

1773 » Testel, et Nicoud.

1774 » Rouviére, et Raut.

1775 » Paul, et Bertrand.

Succession des Marguilliers créés en 1803.

1803 MM. Raut, Martin-Surian, Pélissier Jean-Baptiste, Roustan Jean-Baptiste, Arnoux
Noël, Mouren Joseph.

1805 » Gras Louis remplace M. Pélissier; M. Verdillon succède à M. Raut.

1806 » Camoin J. prend la place de M. Roustan.

1808 MM. Caillol Pierre est élu en remplacement
de M. Mouren.

1809 » Baude Joseph est nommé pour succéder
à M. Martin-Surian.

Succession des Fabriciens créés par Décret de 1811.

1811 MM. Verdillon, 1er janvier. (Ordonnance Archiépiscopale.

1816 » Treillet, 9 juin.

1819 » Radier, 1er août.

1832 » Pascal, 1er avril.

1837 » Goudard, 1er octobre.

1864 » Borelli, Raymond, 3 juillet.

1811 » Baude, Joseph, 1er janvier (Ordonnance
archiépiscopale).

1815 » de Voulx, Jules, 26 novembre.

1819 » Samat, 23 novembre.

1820 » Fabre-Luminy, Aug., 30 avril.

1833 » Mottet. Claude, 15 juillet,

1834 » Pastoret, Tancrède, 1er janvier.

1811 » Belleville, 1er janvier (Ordonnance archiépiscopale).

1829 » Payen, Honoré, 4 janvier.

1846 » Borelli, Jérôme, 3 janvier.

1853 » de Voulx, Jules, 15 août.

1864 » Barile, Jules, 3 avril.

1871 » de Saint-Jacques, Gustave, 16 août.

1811 MM. Aubert, J. J., 23 janvier. (Arrêté Préfectoral).
1815 » Martin, Rodolphe. 26 novembre.
1824 » Duclos, 27 mai.
1825 » de Greling, Casimir, 20 avril.
1856 » Morel Amédée, 23 mars.
1859 » Salvator, A., 3 juillet.

1811 » Borelli, Nicolas, 23 janvier. (Arrêté Préfectoral).
1812 » Salavy, 5 avril.
1820 » Payen, Auguste, 10 octobre.
1826 » Van-Maseyk, 6 août.
1839 » Espanet, 1er janvier.
1859 » Rocca, Joseph, 3 juillet.
1868 » Jauffret, Barthélemy, 19 avril.

Chefs de familles habitant Ste-Marguerite en 1697.

MM. André, Antoine.	MM. Bourille, Mathieu.
» Argence, Louis.	» Brest, Claude.
» Barbaroux, Louis.	» Brune, M.
» Belue, Honoré.	» Buech, Louis.
» Benoît, Guillaume.	» Caillol, Joseph.
» Blacas, Jean.	» Caillol, Jean.
» Blanc, Antoine.	» Caillol, Jacques.
» Blanc, Jean-Bapt.	» Caillol, Antoine.
» Blanc, Honoré.	» Camoin, Jean.
» Blanc, Jean.	» Camoin, Henry.
» Bonavie, Martin.	» Camoin, François.
» Borelli, Etienne.	» Carle, Antoine.

MM. Chabert.
» Chauvet, Georges.
» Clément, J.-Bapt.
» Darbon, Blaise.
» Darbon, Jean.
» Deleuil, Pierre.
» Durand, Jean-Bapt.
» Durbec, A.
» Estié, Raphaël.
» Farcy, Jean.
» Féraud, Jean.
» Flotte, Benoît.
» Fournilié, Etienne.
» Gay, Antoine.
» Gay, Jaume.
» Girard, Jean.
» Giraud, Antoine.
» Giraud, Joseph.
» Henry, Joseph.
» Isnard, Nicolas.
» Jaume.
» Jullien, Barthélemy.
» Jullien, Pierre.
» Layt, André.
» Masse, Barthélemy.
» Olive, Etienne.
» Olive, François.
» Olive, Louis.
» Olive, Ange.

MM. Ollivier, Jean.
» Ollivier, Laurent.
» Passeron, Antoine.
» Piston, François.
» Pourrière, Honoré.
» Ravel, Claude.
» Renoux, Honoré.
» Renoux, Pellegrin.
» Reynaud, François.
» Reynaud, Jean.
» Rougier, Honoré.
» Rougier, Mathieu.
» Roux, Jean-Bapt.
» Roux, Jean.
» Roux, Simon.
» Roustan, Louis.
» Ripert, Raphaël.
» Simian, J.-Franç.
» Simian, André.
» Teyssère, Antoine.
» Tournier, Antoine.
» Toulouze, Etienne.
» Tournon, André.
» Tourret, Venture.
» Torcaty, Benoît.
» Tricon, Blaise.
» Vin, Côsme.
» Vin, Sébastien.

TABLE DES MATIÈRES